著

In memoriam

此書

謹悼念一位因某些人的懦弱與謊言

而被犧牲的青年

江國慶

推薦序

　　本書作者是知名的法國台灣研究學者，他基於對台灣前途的關切，乃從歷史找尋未來，更從與中國的複雜關係理出過去的遭遇不必也不應為將來「宿命」之邏輯。關鍵在於當今台灣已為一個地緣政治的主體，更是一個有公民社會力量的新民主體制，也絕非十七世紀末滅於清的在台的東寧王朝所能比擬的。本書想用閾境性（Liminality）來勾勒台灣歷史甚至今後的處境，自有其創意；面對中國崛起的台灣，當然也應該在對主體的堅持上，用更具創意的作為去處理兩者或許也可以有更創意的關係。

中研院社會學研究所所長

自　序

　　本書的研究補助來自於臺灣民主基金會以及交通大學人文與社會科學研究中心。在這個過程中，筆者持續研究臺海十七世紀地緣政治情況、臺灣外省人對國家認同辯論的持續變化、2008年後臺灣對中國的新政策以及結合歷史學與地緣政治研究的可能性。法國國立科學研究中心（CNRS）提供我一個在法國殊為難能可貴的休假研究身分，讓我得以暫時離開教職回臺進行研究。我此次居臺期間深受下列兩個單位的照顧：駐中央研究院人文社會科學研究中心的法國現代中國研究中心臺北分部（CEFC-Taipei）以及交通大學人文與社會科學研究中心。我對於這段期間所有幫助過我的人在此表達深切的感激之意，讓我得以暫別繁忙的教學工作而完成我的研究。

　　然而，本書當中所提及的概念大多萌芽於我的教學工作：「價值觀的地緣政治」（它是我在里昂政治學院所開設的地緣政治理論課程的主軸）、臺海「歷史性比較地緣政治」（發展於巴黎國立東方語言與文化學院所教授的臺灣史課程）以及臺灣外省人的中介時期（源自於我先在巴黎政治學院、後來在里昂高等師範學院所開設的臺灣海峽地緣政治與認同政治的課程）。至於「中間路線」這個概念，並非來自筆者的教室，而是任何一個深信民主價值的人都擁有的基本信

念：身為民主制度的熱烈擁護者，筆者認為改革優於革命、溫和優於激進。但排除激進並不表示我們要對攻擊民主的措施噤聲或坐視失去自由的末日到來。筆者在本書中想表達的是，「中間路線」雖然是很難堅持的，但卻是必要的。身為一個政治學者，筆者試著進一步地釐清甚麼是「中間路線」：當一個政黨面臨對其政治議程不利的社會趨勢時，它有那些應對的選項。筆者在本書說明它有五個可能性：反對、適應、放棄、操作以及等待。筆者的論述希望補充 Albert O. Hirschman 知名的 *Exit, voice and loyalty* 一書理論，乃特別針對政黨而非 Hirschmann 所注重的消費者。而筆者在研究過程中發現，「親中不反統」的國民黨對於近二十年來臺灣認同深化的反應，正是驗證筆者理論的最佳案例。

　　「臺灣閾境性」則是筆者在教學之餘慢慢地思索的概念，它是筆者多年從事臺灣與中國研究而來的結果。這個概念剛好可以把臺灣歷史、認同政治以及在地緣政治上的情況歸納成三角關係的模型。2009年法國漢學研究學會舉辦了有關當今法國學界的漢學研究狀況（*Les assises de la sinologie*），筆者接受學會的邀請，解釋法國的臺灣學。除卻分析該國臺灣專家所做過的研究，取而代之探索臺灣學的本質論（*The ontology of Taiwan studies*）：臺灣研究的範圍何在？與中國研究究竟有甚麼關係？是否能夠當作一個自主的領域？在寫作該文章的過程當

中，目的是顯示出臺灣學的確可以單獨地組成研究領域是有正當性的。而我們不能否認它與中國研究的密切關係，同時也不能把它視為中國研究的次領域。筆者覺得上述兩個看法均是基本教義的看法。[1] 幾個月後，筆者在倫敦的英國國家學術學院（British Academy）及亞非學院（SOAS）共同舉辦的另一個學術會議中發表該文章的英文版。[2] 與會的幾位是我所敬重的學者，包括林滿紅教授、Joseph Wong 教授以及 Dafydd Fell 教授等人，覺得這個概念足以描述臺灣研究的特徵以及它與中國、東亞區域與全球社會的關係。筆者發現常常被視為是邊陲性或正在被邊緣化的臺灣的地緣政治情況反而是「閾境」的。

因此，此書的架構從本來要探討臺灣民主體制轉變到另一個目的，也就是探索複雜的、多面向性的臺灣歷史與其政治化、島內的認同政治及族群問題辯論，以及臺灣在地緣政治上的情況這三個面向之間的關係。本書進行的研究不單是上述三角關係今日的情況，而跨世紀地比較十七世紀末與二十一世紀初的情況，探討在地緣政治上它們兩者之間是否有類似的邏

---

[1] 見 Corcuff, Stéphane « Étudier « Taiwan ». Ontologie d'un laboratoire-conservatoire », *Études chinoises*, 2010, Special issue « *Étudier et enseigner la Chine* », 頁 235-260。

[2] 見 Corcuff, Stéphane "Taiwan Studies vis-à-vis Sinology: 'Discursive Liminality' as a space to exist"，發表於 Taiwan and the Asia-Pacific Region 國際會議，英國國家學術學院，2010 年 3 月 12-13 日。

輯。比較兩個時空距離較大的兩個時代有其侷限，因此筆者謹慎地評估進行這種比較時所必要涉及的條件。首先要警覺到兩個時期的脈絡差異，在哪些基準點才能真正地進行比較。本書從宏觀的角度選定進行時期的地緣政治邏輯之比較，但這並不表示兩者之間難以計數的差別被忽視。這是本書所稱為「歷史性比較地緣政治」的研究。「臺灣閾境性」因此成為本書之主題、理論、主軸與架構。跟筆者2004年所著的《風和日暖》一書一樣，此續作是以漢字、特別針對臺灣讀者而寫成的。

筆者在此要感謝我的幾位學生，他們熱切地幫助蒐集我所需要的文獻資料；在我不知如何適切地以華文表達較特殊的想法時，他們適時地提供建議。這不僅關乎筆者的中文能力而已，更是如何把這種想法從一個異文化的脈絡融入另一個文化或語境。然而，由於近二十年在臺灣進行的田野研究，筆者希冀能夠對臺灣與中華文化的脈絡裡的概念、信念、想法與學術傳統熟稔，而非毫不思索地把一些來自西方國家的概念直接移植要研究的本土脈絡。在此必須強調的是，筆者因為對臺灣與中華文化的深情以及對全球社會多元化的承諾，本研究從起始試著從兩個文化傳統的出發點同時發展出新的觀念。如前所述，這是筆者第二次用華文寫作：事實上，用法文或英文書寫不僅對於筆者的學術生涯較為有利，且簡單得多；但這種挑戰也值得：第一，能作就得作；第二，先前筆者對自身作品被譯著的品質感到遺憾；最後，希望此方式對西方與臺灣的學術與

公共辯論能有比較直接的貢獻。

　　本書提供的主要想法來自於臺灣這個特殊的田野，筆者留在法國或歐洲可能無法產生這些概念。把臺灣對中國的特殊關係稱為具有「閾境性」的特徵即是最佳案例。筆者在本書中所發展的「價值觀之地緣政治」則是在其他脈絡裡而衍生的。如前所述，它就是筆者教授地緣政治理論課程之主軸：本來此概念跟我的臺灣研究沒有很明顯的關係，但很快就發現也可以用來分析臺灣的情況。無論是針對過去的或現代、東方的或西方的脈絡以及強國霸權或小國的外交等情況，研究「利害相關者」（*stakeholders*）的價值觀，對與地緣政治分析的確都有利。本書的第一章分析1683年鄭氏政權與施琅進行談判妥協時，特別以「價值觀之地緣政治」此概念來釐清第一封投降奏摺的作者，為了說服對方（康熙皇帝）而「動員」的哪些共同價值。1683年夏天的臺海地緣政治的情況給我們一個「論述上的協商」的好例子。「閾境性」這個新概念一樣也必須被筆者或其他學者在其它脈絡裡善加引用，才能變成真正的典範。無論是臺灣或國外的學者所作的研究，臺灣學必須產生許多可以應用在其他脈絡的新概念與方法論，才能真正的對學術全球化有貢獻，而不只是在臺灣脈絡裡套用來自國外的理論，就如同蕭新煌老師呼籲我們應該做的。

　　筆者在此想感謝六名研究生或朋友們幫我美化我的華文：法國里昂大學東亞學院博士生尹明、國立政治大學亞太研

究博士學位課程張之豪同學（他對本書的第二章使用的資料有相當大的貢獻）、國立交通大學社文所吳姿萱同學、國立清華大學社會所蘇子翔同學、長榮大學臺灣研究所賴英泰同學以及鄭亦忻小姐（亦忻，新婚快樂！）。在撰寫的過程中筆者從他們身上受益良多，同時也希望他們一樣從中獲益。本書如果有良好的文采，那要歸功他們；而筆者必須負責其他文意不通順的部份。

自從《風和日暖》2004年的出版，筆者感到有一點驚訝：它還是被許多人稱為是我博士論文的中文版翻譯。事實上，它是我論文的一小部份而已，而且還增加了一些新的分析；再加上，就如筆者在該書的序寫的，它並不是由別人翻譯的。在此特別強調這點的原因是，筆者自己直接用華文寫這兩本書以及請研究生幫忙把我的中文潤飾，不但更有意思，更有其必要性：之前試過請人翻譯我的作品發現其中的誤會不勝枚舉，因此選擇上述的、備感艱辛、但趣味橫生又較可靠的寫法。在撰寫關於複雜又敏感的議題時，用外文寫作固然有其難處，但十分值得。多次發生的是，同學與筆者想了半天到底怎麼樣說出來會最正確、最清楚、最能表情達意：這真是「教學相長」。

臺灣在馬英九政府的領導下，尋求能夠繞過棘手的主權爭議並改進兩岸關係的道路。而國內的批評指出，這種政策的實際走向將危及臺灣的主權。過去李登輝與陳水扁試圖與中國打

交道，同時堅定重申中華民國在臺灣的主權，唯歷經二十年的嘗試終歸失敗。面對中國，臺灣確為地緣政治的弱勢，這是臺灣歷史上第二次提出緩和政策，標誌著臺灣島與中國大陸關係間截然不同的新途徑。藉著橫跨數個世紀的臺灣海峽地緣政治學比較分析（在本書中稱為「歷史性比較地緣政治學」），本研究試圖闡明1680年代早期的末代鄭氏東寧國以及二十一世紀初期迄今的國民黨，兩個政權如何處理復興中的中國（三藩之亂後及今日的中國）對其所造成的「誘惑」。兩個政權早期確實都將他們統治的正當性建立在以下的前提上：他們都是把自己視為被「非法」政權推翻的中國大陸政權的「合法」繼承者。事實上，對他們而言，比起文化或意識形態的競爭，誰才是正統繼承者在政權的競爭上是更為重要的。然而，在這兩個案例中，面對中國崛起所導致的臺灣力量之弱化，捍衛島上政府主權與競逐政治正當性這兩個目標，開始與另兩項政治價值有所牴觸——保護大中華民族的統一以及促進中國成為下一個世界強權。與中國的重新結盟遂成為可能的選項，因此造成了兩個時代的島嶼政權內部的分裂。本書比較兩個不同的歷史時期，並以它們為例說明比較地緣政治的長處與限制，顯示出十七世紀末與二十一世紀初兩者間的最根本差異，在於民主論辯、公民社會與政黨輪替所具有的重要意義。本書最終歸納海峽兩岸的歷史、認同政治以及地緣政治這三個面向，用以詮釋

臺灣歷史性的意義為：臺灣「閾境性」。

本書撰寫完成之後，有幾位學者依然提供筆者學術上的建言：中央研究院近代史研究所研究員林滿紅教授、東吳大學政治系吳志中教授、前臺灣大學哲學系李日章教授、美國維吉尼亞州 College of William and Mary 的 T. J. Cheng（鄭敦仁）教授、交通大學人文與社會科學研究中心主任蔡石山（Henry Tsai）教授、前中央大學法文系教授劉光能、以及英國里茲大學傳播學研究所蔡明燁（Ming-yeh T. Rawnsley）教授。他們的寶貴建言都令我深感榮幸。當然，沒有允晨文化出版公司的廖志峰先生長期以來的鼓勵與支持，很可能就不會有筆者這兩本中文專書的出版。

最後，筆者也利用這個機會感謝多年來請我演講的教授們，因為到他／她們的學術機構演講或學術討論，都是非常好的機會與同行們及同學們交換意見。本書內容的一些想法是在這樣的機緣下而被探究。柯蓉（Christine Cornet）教授請我在北京的法國文化中心發表一場演講，讓我討論臺灣海峽在十七世紀怎麼樣從地理事實轉變為地緣政治上的對象。廈門大學的台灣研究院院長劉国深教授及陳孔立教授請我談論臺灣第二代外省人對本土化的深化以及所謂的「去中國化」政策的反應；這個主題也在鮑梅立（Melissa Brown）教授的邀請下在史丹佛大學人類學研究所被探討的。國立臺灣大學社會學系的

何明修及曾嬿芬教授給我有個機會論及外省人的中介地帶情況。蔡石山教授在他舉辦的「臺灣海洋文化的吸取、轉承與發展國際研討會」讓我有機會闡明鄭氏政體的衰敗與最終的沈寂。Barak Kushner（顧若鵬）教授邀請我去英國劍橋大學發表關於外省人認同之過渡儀式的演講。曾銳生（Steve Tsang）也給我一個機會在牛津大學談有沒有一個所謂的「去中國化」政策。最近，恩博（Marc Humbert）博士給我機會在東京的日仏会館（Maison Franco-Japonaise de Tokyo）與日本教授交換意見；筆者在此處做了關於臺灣如何面對中國復興的演講。第一次公開地描述「臺灣閾境性」這個概念大概是在臺南長榮大學臺灣研究所，這裡要感謝達嚴思（Jens Damm）以及天江喜久教授。最後，筆者因為非常喜歡威尼斯也很高興接受李集雅（Tiziana Lipiello）教授的邀請。她是威尼斯大學亞非學院院長兼漢學教授；我連續三次去威尼斯，上述每一個題目大概都講過。但是，最令我感動的是北美洲臺灣學會的學生及執行委員長期對我研究的興趣：身為教師，誰不會對研究生的學習熱誠感到欣慰呢？[3]

高格孚　2011年八月於淡水

3　本書採用兩岸各方使用的寫法：中華民國的繁體或所謂的「正體」字；中华人民共和国的簡体字，指各方的機構、制度、法律或人的名稱。

目
錄

鄭氏政權的衰敗與第一個臺海危機的終結

一個「價值觀的地緣政治」

1

帝國的反擊

　　以臺灣為據點、反清的明鄭島嶼政權面臨提督大將軍施琅（1620-1696）之猛烈進攻，並於1683年落敗滅亡一事是史學家熟知的事件。然而，年幼的鄭克塽於1683年夏天呈給滿清皇帝康熙的兩封歸降表——表達歸順之意，並希望赦免死罪、讓鄭克塽能保有顏面以及家族的名譽——作為歷史研究的材料之價值卻尚未被詳細探究。第一封降表（p.35）宣布鄭克塽的歸順意向，第二封（p.26）則是解釋較具體性也更重要的細節，而本章聚焦於第一封降表。此表有著引人關注的政治與外交辭彙，正式談論的是價值、信念與忠誠：臣服於清帝是最崇高的態度以及唯一符合道德之事。實際上處理的卻也是顏面問題：鄭克塽必須留住面子，同時也要做面子給清帝，並且避免在保留自己的性命時使他祖先的名譽蒙受恥辱。粗淺閱讀降表可能會有為了保全自己的性命而奉承雄辯的印象，但我們也不妨從另外一個角度解讀內容。降表的主要意圖或許不在於說服施琅與康熙，要他們相信鄭克塽個人對皇帝的忠誠，而在於將雙方先前敵對的目標與策略之調和顯得合乎雙方皆可接受的文化與政治的榮譽準則裡，以便讓鄭克塽的臣服在道德意義上看起來更能契合清廷的期望。鄭克塽清楚地指出他承認清廷統治中國的正當性，後設地為一個四代反抗清王朝的家族辯護，他

的論點是為了和諧所以必須歸降。本章提出第一篇降表詳盡的評論。從軍事、政治與地緣政治方面來看，東寧國投降已是不可避免的，所以為了保住面子，也讓此投降辭彙更可信，作者鄭德瀟（鄭克塽的中書舍人）採用什麼推論？這與中國傳統「政治文化」價值有什麼關係？藉由交錯歷史材料的地緣政治分析，本章開始提出是否可以比較十七世紀末與二十一世紀初的地緣政治情況以及如何建立跨世紀「歷史性比較地緣政治學」的初步反思。

　　1683年7月31日，臺灣的年輕統治者鄭克塽（1670-1707）派遣幾位特使會見於澎湖群島部署大批海軍的提督大將軍施琅，以便將降書轉交給僅於四十年前在中國建立大清帝國的當家皇帝康熙。鄭克塽於降表聲明願意放棄臺灣此一根據地、停止與中國的新統治者作戰、遺忘他家族想要恢復明朝治理的夢想，並且回歸中國：回到那個唯一、獨特而且光輝的中國——「依魚自適性於淵泓」。

　　這便是東寧國的滅亡。[1] 這個中華海洋王國僅維持了

1　臺灣城市的複雜地名學理應有一些解釋，儘管史學家們對於以下敘述並不總是有共識。鄭成功攻下臺灣之後，將沿海的荷蘭要塞熱蘭遮城（Zeelandia）更名為「王城」，而王城位於他更名為安平的區域內。原本位於內陸名為赤崁（Provintia）的另一個要塞（今日仍可看見其地基），以及其附近的城市則更名為「東都」，這意味著鄭氏佔領的城市與區域象徵性地被納入已經消失的明王朝領土。1663年，鄭成功的兒子鄭經將首都改名為「東寧」，可能意圖藉由此象徵性改變指出

二十一年。二十世紀初期時法國歷史學家惹內・格魯塞（René Grousset）將此簡潔地稱為《 *une thalassocratie chinoise* 》，意為「中華海洋政權」。[2] 東寧國於1661年年末至1662年年初由中國商人、海盜與冒險家建立，打著鄭成功（1624-1662）的旗幟。鄭氏家族──更確切的是指鄭成功與他的兒子鄭經（1643-1681）──為了回復明朝統治，已經數度嘗試反攻中國大陸推翻新的滿族政權。1661年，鄭成功擊退於1624年始在臺灣設立商業殖民地的荷屬東印度公司（V.O.C.），他佔領臺灣的南部，這座島嶼在十六世紀晚期與十七世紀初期才在這個區域與世界上成為新的地緣政治對象。荷屬東印度公司已經透過支配土地再統治其原居民的方式開發這座島嶼，歐陽泰（Tonio Andrade）稱此為荷蘭統治者與漢人移民的「共構殖民」（*co-colonization*）運動。[3]

1683年，忠於明朝的鄭氏島嶼政權結束，它的滅亡開啟了不知該對臺灣如何是好的猶豫時期。幾項選擇被提出討論：離開那塊「化外之地」、將它賣回給荷蘭人、由中國控制但只作

與滿清（至少在這段時期）較為緩和之對立。東寧王有時也被稱為延平王，這是由於南明的永曆帝封鄭成功為「招討大將軍延平王」，而這也是鄭克塽在降書上對康熙自稱延平王並提及延平印之由來。延平為福建的地名，今稱為南平。

2　Grousset, 1929：頁527。古希臘語裡的θάλασσα（thálassa，它臘薩）指「海洋」；κράτο（krátos，格拉妥斯）則指「政權」。

3　Andrade著，2008：頁115等。

為與荷蘭及英屬印度的貿易點，或者正式將其納入滿清王朝版圖（鄭，2010）。1684年5月達成最後決議，那已經是鄭克塽投降幾個月後；清朝帝王感興趣的並非攻取臺灣，而是意在滅亡他口中的「海寇」（蔡，2011：73）。幾度躊躇之後，皇帝最終將這個島嶼納入大清國領土；在一般的英文研究被視為臺灣正式納入「中國」的開始。然而，這種結論是時代錯誤的（*anachronism*）：從地緣政治的角度來說，臺灣是由滿清皇帝收入「清帝國」版圖，這發生在已經有「中國十八省」之後以及其他鄰近地區被納入大清國版圖之前，即使臺灣事實上是以福建省之下的一個府的地位被納入。一般而言，華文資料並沒有這種錯誤，因為傳統上華文使用朝代名稱而非總體的「中國」這個詞彙來形容領土與政權。因此，納入版圖的意思指的是被收入清代的領土，這才是比較正確的說法。[4]

東寧國年輕的延平王的艦隊剛被約有300艘船以及超過20,000士兵的大型艦隊燒毀、擊沉與獵殺；儘管一開始曾經獲勝，卻仍被施琅領軍、7月8日從福建省銅山島出發的艦隊擊敗，東寧國的艦隊如今只剩下幾年前曾經強盛的幻影。施琅原為鄭成功之父鄭芝龍的助手，他注意到逐漸崛起的新王朝，並且是促使康熙決定攻臺的關鍵人物。幾年的外交往來之後，消滅明朝遺臣之堡壘的軍事壓力加劇，因為他們在臺灣的存

4　例如連，1979：頁773。

活，於軍事與象徵意義上都不啻表明了滿族是中國的篡位者與侵略者的主張之延續：不只是鄭氏家族幾度在大陸發動軍事戰鬥，當他們到達臺灣之後，更使用南明王朝的年號計算時間，儘管南明最後一任帝王在1662年時已被捕獲並且處死，[5] 他們卻自詡（至少在剛到達臺灣的前幾年）是明朝的延續。7月16日半夜，雙方於澎湖群島展開戰鬥，隔天澎湖便已受施琅控制。三天後，在1664年逃到臺灣的明朝王爺之一朱術桂自殺。

緊接著是政治過程，不再是軍事行動：先前富有強大的政權迅速瓦解，它原本支配海洋且聚積大量財富，但在1674至1680年反抗滿族統治的三藩之亂時，已經是資金短缺。在施琅發動攻擊的兩年前鄭經已經逝世（1681），換句話說，鄭經最信賴的大臣陳永華剛過世後不久（1680），他也死了。他們相繼的死亡引發新的朝代繼承爭執，這當時已是鄭氏家族的傳統了。兩派對立的人馬各自擁護鄭經的一位兒子繼承王位。另一位鄭經信任的助手馮錫範，即鄭克塽的岳父，派人殺了鄭經長子鄭克臧，他是陳永華的女婿。於是鄭克塽成為東寧的新王；年僅11歲，要控制他較容易……對立的雙方對新的大陸政權的態度也不同：積極地將臺灣中華化的陳永華傾向於集中注意力發展臺灣，而馮錫範卻是屬於想要繼續與滿族戰鬥的派別。乍看之下，結果可能顯得出乎意料之外：馮錫範是得權的

5　Wills，2007：頁97。

一派，但最後決定要降清，也是他們的。

　　7月17日遭到徹底擊潰之後，鄭克塽的大臣——臺灣真正的統治者——必須想出一個令人信服的策略以向新王朝的帝王展現他們的忠誠，並且保存任何可以被保存的事物：最要緊的是他們的生命——協商期間明顯的跡象顯示即使表達效忠清廷也不能保住鄭氏政權。東寧國必須被解散，就正式的中國政治文化而言，實行方法是將延平印送給清帝王。沒有印璽就沒有權力：在第二封降書裡，鄭克塽別無選擇只能接受這個協議。第二封降書的主要承諾為：「茲特繕具本章，并延平印一顆、冊一副及武平候臣劉國軒印一顆、忠誠伯臣馮錫範印一顆、敬遣副使劉國昌、馮錫韓齎赴軍前繳奏謹籍土地人民待命上，數千里之封疆悉歸土宇，百餘萬之戶口並屬版圖。」為了確保滿清王朝的統治不再受到挑戰，藉著廢止清廷與明鄭之間衝突的主因，明鄭王朝必須在實際上與象徵意義上消失。雖然第二封降表談及正式投降的狀況，第一封才是表明認同滿清政權之意願，以及當時還抱著明鄭王朝能被赦免的希望。藉著交錯歷史與地緣政治來研究鄭氏王朝的落敗，筆者在此對心理學甚感興趣；對當時的掌權者怎麼看待雙方的實力與弱點；以及被動用來製造某種論述的眾多價值觀（政治的及文化的）。假如這種研究方式是地緣政治學的新疆界，筆者將試著呈現這種方式能帶給理解地緣政治情境的貢獻，並且說明建構跨世紀「歷史性比較地緣政治學」（*historical geopolitics*）的必要性。

鄭克塽的第二封降表：

招討大將軍延平王臣鄭克塽謹奏：為舉國內附，仰冀聖恩事。

竊惟臣生自海邦，稚憨無識；謬繼創垂之緒，有乖傾向之誠。邇者，樓船西來，旌旗東指；簞壺緩迎於周旅，干羽煩舞於虞階。自省重愆，誠為莫贖。

然思皇靈之赫濯，信知天命有攸歸。逆者亡、順者昌，迺覆載待物之廣大；貳而討、服而舍，諒聖王與人之甚寬。用遵往時之成命，爰邀此日之殊恩。冀守宗祧 以勿失，永作屏翰於東方。業有修表具奏外，及接提督臣施琅來書，以復居故土，不敢主張。臣思既傾心而向化，何難納土以輸誠。茲特繕具本章，并延平王印一 顆、冊一副及武平侯臣劉國軒印一顆、忠誠伯臣馮錫范印一顆，敬遣副使劉國昌、馮錫韓齎赴軍前繳奏；謹籍土地人民，待命境上。數千里之封疆悉歸王宇，百餘萬 之戶口並屬版圖。遵海而南，永息波濤之警；普天之下，均沾雨露之濡。實聖德之漸被無方，斯遐區之禔負恐後。

獨念臣全家骨肉，強半孺呱；本係南人，不諳北土。合無乞就近閩地方，撥賜田莊、廬屋，俾免流移之苦，且獲養贍之資；則蒙高厚之生成，當誓丹青以啣結。

至於明室宗親，格外優待；通邦士庶，軫念綏柔；文武諸官，加恩遷擢；前附將領，一體垂仁；夙昔仇怨，盡與蠲除；籍沒產業，俱行賜復。尤期廣推寬大之 仁，明布維新之

令。使夫群情允愜，共鼓舞於春風；萬彙熙恬，同泳游於化日。斯又微臣無厭之請，徼望朝廷不次之恩者也。爲此，激切具本奏聞，伏候敕旨。

——高拱乾《臺灣府志·卷一封域志》

重新發現一筆歷史性的檔案

　　關於明鄭時期的研究比較少提到鄭克塽的降表，而且目前我們找不到英文翻譯。[6] 或許在歐洲最早提及該表並加以翻譯的大概是法國耶穌會教士馮秉正（Joseph de Mailla）於1715年寫的記錄。[7] 譯文大致上忠於降表的意思。雖然沒有評論，馮秉正使用的精雕細琢法語已經說明降書作者的圓融與外交手腕。到底此降表真正的意圖是什麼？

　　汪榮祖於1983年刊登〈中國沿岸的防禦與衝突：17世紀的臺灣問題〉，一個精采分析專注討論的是施琅與康熙受到擊敗

6　筆者在交通大學人文與社會科學研究中心於2011年5月27至28日舉辦的「臺灣海洋文化的吸取、轉承與發展國際研討會」所發表的〈鄭氏政權的衰敗與第一個臺海危機的終結：1683年鄭克塽第一歸降表中的「忠誠」與「面子」〉一文提出降表的英文翻譯。

7　*Lettre au Père de Colonia*, August 1715, de Mailla 著，1819：頁277-280。

明鄭之鼓舞而寫的詩文創作；[8] 失敗一方的心理也值得理解。即使是邵式柏（John Robert Shepherd）的重要研究《在臺邊疆的國家治理與政治經濟：1600-1800》，[9] 或者是收錄於張格物（Murray Rubinstein）編輯的《臺灣：新的歷史》（*Taiwan, A New History*）一書裡，衛思韓（John E. Willis Jr.）高明的文章〈17世紀的轉變：荷蘭殖民與鄭氏佔領時期的臺灣〉也都沒有談到降表。[10] 甚至，近年多產的臺灣本土史料似乎也沒有特別將降書列入考慮。現存的研究裡幾乎沒有辦法找到提及歸順書的記錄，例如戴天昭的《臺灣國際政治史》。[11] 此外，就致力於正當化臺灣獨立地位的學術出版品而言，降表似乎也沒有被注意到。[12] 不過，支持獨立的陣營沒有使用這些文獻裡可以發現的資料是令人驚訝的，因為儘管要作出跨世紀歷史性比較有其難處，但可以從早期中華島嶼政權的例子裡看到，在臺灣避難以便反攻大陸新政體的鄭氏王朝，白白花費許多時間與金錢發動戰役，最終卻在一個復興中的中國（*a China in Renaissance*）

8　Wong 著，1983, 頁184-186。

9　John R. Shepherd 著，1993. *Statecraft and Political Economy on the Taiwan Frontier, 1600-1800*, 頁104。

10　John E. Willis, Jr. 著，2007. "The Seventeenth Century Transformation. Taiwan Under the Dutch and the Cheng Regime", in Murray A. Rubinstein ed. , *Taiwan, a new history*, 頁102。

11　戴，2002：頁34。

12　例如可參考薛化元、戴寶村、周美里編著，《臺灣不是中國的──臺灣國民的歷史》，2005：頁60。

當前放棄這座島嶼。

少數提及降表的資料其中有楊碧川的《簡明臺灣史》，這本書簡短地談及鄭克塽的兩封歸順表的內容分析（楊，1987：39）。假如我們追溯至連橫1916年的《臺灣通史》，我們也會發現關於降書的記載：在超過一千頁、包羅廣泛的島嶼通史裡，只有一句話提到1683年的進攻以及鄭克塽投降：「明年夏六月，靖海將軍施琅伐臺，天貴從之。大戰於澎湖，中礮死」，也完全沒有談論這兩封降書。[13]

讀者可能會認為對這兩封歸降表充斥著大量的諂媚話語，只是為了獲得帝王赦免，因此作為史料的價值有限。就紀實的歷史材料而言，除了指出想法與感覺之外，第一封降表確實沒有提供歷史學家可以研究的具體細節；只有第二封談論歸降的條件，例如交出印璽以及接受辮髮。所以第一封降表比較不吸引史學家並非出乎意料之事，除非他想研究價值觀與心理，貧乏的史料可能說明為何1696年第一次《臺灣府志》之編纂沒有採納它但卻列入第二封降書的原因。

1712年出版的《重修臺灣府志》終於將兩封歸降表皆列入記錄。這次的修正，以及第一封降表裡令人訝異的巧妙與慧黠的推論，意味著從鄭克塽的兩封信裡可能可以發現更多研究材料。我們將會看到事實上他簽署一份非凡的外交修辭，正好

---

13 連，前述書：頁773。

為了替與幾十年來至投降前所秉持之理念的相反立場辯護。
當時承認滿族統治中國之當性，在被滿清打敗之後是無可避
免的了。此承認必須透過一個正式的外交表達運作。降表提
到的價值（包括「一體」與「大同」）都屬於雙方共享的一
個「政治價值觀與榮譽準則」（*a shared code of honor and of political
values*），此修辭之機巧確實是不能否認的。

自滿族從十七世紀末期與十八世紀初期統治臺灣開始，沿
海地區的幾位官員開始彙編關於臺灣的早期史料。雖然我們並
不清楚清廷是否下令編纂（在第一本府志的作者於1694年開始
蒐集資料前已經有一些人嘗試這麼做），但是此舉有可能是因
為中國自古對臺灣的認識不多，所以要對此新納入版圖的土地
編彙所有在文獻裡原有的知識：因為現代的地緣政治情況與利
害關係，主流的想法是強調中國早就知道臺灣了；筆者覺得剛
好相反，當時（指十七世紀）問題是到底對這塊土地知道多少
呢？例如之後康熙在1714年派遣歐洲傳教士製作這座島可以到
達部分的地圖。[14] 目的或許是要在事後證明將這塊從來不屬於
中國的土地收入版圖之正當性，尤其是自從中國人注意到這
座島後抱持輕蔑的態度：1712年《重修臺灣府志》的前言提到
「臺灣自古為荒服奧區，聲教所不及」。[15] 建立漢人移民到這

---

14 眾人皆知，當時「臺灣」指的是今日的台南，是清代早期管轄的三個
   區域之一，另外兩個是鳳山與諸羅。
15 周，1960 [1712]：頁3。

座島之後的歷史，以及創造事實上的漢人社會能夠為將島嶼收入帝國管轄提供正當理由，包含說服那些將臺灣作為海盜天堂的惡名當作麻煩來源的漢人與滿人，與那些可能不明白為何皇帝將臺灣收入福建省管轄的人。

第一版的《臺灣府志》是由來自陝西的漢人高拱乾刊行，他被任命在浙江與福建任職。出版年份為1696年（康熙35年），是臺灣被收入清朝版圖的第12年；這個版本通常被稱為「高志」。高拱乾於1694年開始蒐集資料，並且找到有益的手稿，包括：明鄭時期臺灣北部諸羅縣的官員季麒光所寫的文件，名為《臺灣郡志稿》；1685年蔣毓英刊行的資料，以及由曾任官員的王喜所寫的另一篇手稿，名為《臺灣志稿》。[16]「高志」是現存最早的出版本，也是最稀有的。

然而，將如以上所述，只有重編版收入第一封以及第二封降表。此版本由一位名為宋永清的人開始編寫，他只加上新的前言並且將《臺灣府志》改名為《增修臺灣府志》，當時並未出版。直到1712年，福建的一位滿人官員周元文才將降表補齊並以《重修臺灣府志》之名重新刊行。這個版本於是稱作「周志」。[17]1741年，府志又經過一次修改，在乾隆6年，劉

---

16 張，2004：頁13-14。

17 周憲文所寫於《臺灣府志》之弁言，由臺灣銀行於1950年代出版，在臺灣文獻叢刊的第16種，頁2。

良璧主導編修並將之稱為《重修福建臺灣府志》，[18] 一般稱為「劉志」。1746年又有新版本，乾隆11年時，由范咸與其他人一起編修並刊行（再度命名為《重修臺灣府志》，簡稱「范志」）。目前已知的最後一版是1760年、乾隆在位第25年時出版的《續修臺灣府志》，由余文儀主編。[19]

此處關注的是鄭克塽的第一封歸降表，它對筆者探討忠誠與面子以及當時的鄭氏解決地緣政治危機時共享的「價值與榮譽準則」是最重要的。全文雖只有324字，若我們考慮它意圖達成的目標，實是政治簡潔精確的傑作。[20]

當中華民國中央政府於1949年12月遷移至台北時，顯然收藏文獻並未包含鄭克塽歸降表的原始或複印版本；1948年故宮博物院轉移至臺中的保險櫃裡也沒有。多虧著名歷史學家方豪（1910-1980）與曹永和（1920-）等人煞費苦心的努力，1950

---

18 吳密察編，《臺灣史小事典》，台北：遠流，2000：頁53。

19 吳，2000，55。

20 紀實記載導致鄭氏王朝滅亡的一本有名的書為《臺灣外記》，是江日昇於《重修臺灣府志》出版後幾個月刊行，他是南明一位在這些事件裡扮演較不重要角色的將軍之子。在《臺灣外記》裡的第一封降表最後加了20個字：「臣無任瞻天仰聖，激切屏營之至，謹奉表稱進以聞」。有些人認為這是重要的資訊，也有人覺得那是被部分傳奇或浪漫化的歷史，因為作者呈現的方式是回憶小時候他的父親江美鰲告訴他的故事。江日昇聲稱他的書的目的在於從福建人的視角書寫漢人歷史。雖然無法確認多出來的20個字的真實性，但是它們並沒有影響如何解讀信件訊息，大概也不會改變我們從地緣政治的角度閱讀降表。

年代收藏在日本宮內省檔案室裡的原始刊行版本才被帶回臺灣。[21] 這為現代第一版鋪路，收錄於臺灣銀行印製的歷史文獻編輯裡，[22] 這些年來其他出版社也跟隨臺銀的腳步。然而，臺灣省省立臺北圖書館（現為國立臺灣圖書館）的確在1950年代就有《臺灣府志》與《重修臺灣府志》的複印本，並且兩者之間的差異也有註解說明，可是並不是完整的版本。[23] 原始刊行

---

21 周憲文於1960年代臺灣銀行印行的《臺灣府志》裡之前文提到此版府志使用的資料是根據方豪好像寫於1956年的草稿，名為〈民國四十五年三月杭縣方氏慎思堂據日本內閣文庫藏本影印〉——換言之，是日本內閣文庫藏書的原始（刊印）之影印。周憲文引述方豪的話，解釋他請東京大學的一位日本同事幫他製作手稿的底片，並於1955年於臺北收到。經過仔細分析後，他認為手上的版本並非1696年的第一版府志，而是1701年後出版的。這似乎意味著在1696年的高志與1712年的周志之間，約在1701年時有另一「補刻」（方豪用語）版本刊行。就重印版本而言謙祥於臺灣銀行在1960年代印的《重修臺灣府志》之前言指出那個版本是依據曹永和在當時叫「臺灣省立臺北圖書館」（日殖時期的「臺灣總督府圖書館」之名，1945後多次被改，從「臺灣省行政長官公署圖書館」、「臺灣省立臺北圖書館」、「國立中央圖書館臺灣分館」，至今日的「國立臺灣圖書館」，位於新北市中和區）所作的副本，是日本宮內省圖書寮（現為宮內廳書陵部）裡獲得的原始出版版本之複印。目前已知周志於1712年刊行，但是根據調查版本的報告，歷史學家估計周志應該在1718年之後才印製。在這裡讀者可以看到刊行的幾種版本，它們彼此並不完全相似，讀者也應查覺應該要繼續臺銀於1960年代開始的嚴謹註釋。另一本原版《重修臺灣府志》可以在南京公共圖書館找到（張，2004：14）。

22 大規模搜羅臺灣的歷史文獻開始於1950年代，原標題為《臺灣研究叢刊》，之後改為《臺灣文獻叢刊》，似乎是現代第一版的史料編纂。《臺灣府志》為第65種，《重修臺灣府志》則為第66種。

23 周憲文引述方豪的話，前述書。

版確實很稀有。感謝方豪的貢獻，如今我們知道眾多版本存放於不同的檔案室裡：北京（1696年原始刊印版）、南京、浙江省諸暨市、臺北、東京以及巴黎。[24] 至於最初的文件──就字面的意義而言指的是手寫的降表──由鄭克塽簽署蓋章的歸降原件已經失傳。此外，似乎1712年刊行、收入鄭克塽的第一封歸降表的《重修臺灣府志》目前只有兩本存在：一本在東京，一本在南京。其餘為17世紀印製之府志的重印並略有修改的補刻板。

　　2004年時，臺灣的文化建設委員會（相當於文化部）出版大批關於臺灣的早期中文史料，一樣是排版印刷版本，叢書包括《臺灣府志》（2004）以及《重修臺灣府志》（2005）。「臺灣史料集成編輯委員會」仔細且嚴謹地編輯此叢書，比較現有的版本並且分析差異。顯然地編委會意圖從事一群學者或

---

24 根據方豪50年代的研究，北平圖書館（現為中國國家圖書館分館）有一本《臺灣府志》；浙江省的（市立）諸暨圖書館有一本；美國的康克迪亞大學（Concordia University）有一本；江蘇省的無錫大工圖書館（現為无锡县立图书馆）有一本；東京的內閣文庫（現為國立公文書館第一館）也有一本。另一本1701年刊行的《臺灣府志》在巴黎的法國學院中國高等研究所（Institut des Hautes Études Chinoises, Collège de France）。根據 Delphine Spicq，這本書是1930年代時法國一位漢學家 Paul Pelliot 在中國購買的。此外，臺灣文化建設委員會2004年編輯的版本指出可能有一本府志在福建省圖書館。所有那些《臺灣府志》都是補刻本，或可能是修訂原刊本的重印版。唯一一本原刊本在北京。

臺灣政府贊助的團體從未正式進行的完整、最嚴格的編輯過程。因此這個目前最可信的版本，可以被視為嘗試出版在十六世紀末期至十八世紀中之間修訂過幾次之編輯的最完整版：*the ultimate Taiwan Chronicles.* 當代地緣政治情況——標記著中國的「收復失地民族主義」（*irredentism*）以及臺灣想要使其獨立狀態正式化的渴望——與這個出版計畫可能有關係，但的確對歷史研究有益。

從「鄭氏孤兒」到「康熙兒子」

　　呈給清皇帝的代表者施琅的歸降表如下：

> 招討大將軍延平王臣鄭克塽謹奏。伏以論域中有常尊，歷代紹百王爲得統。觀天意有攸屬，興朝宅九土以受符。誠五德之推移，爲萬彙所瞻仰者也。伏念先世自矢愚忠，追懷前代之恩，未沾盛朝之澤。是以臣祖成功，篳路以闢東土，臣父經，韎韋而雜文身。寧敢負固重險，自擬夜郎；抑亦保全遺黎，孤栖海角而已。迨至先人弛擔，稚子承祧，常思畏天之威，莫求縮地之術。茲蓋伏遇皇帝陛下高覆厚載、仁育義懷。底定中邦，

如旭日升而普照；掃擴六宇，雖浮雲翳而乍消。
苟修文德，以來遠人；寧事勝心，而焚海內。乃
者舳艫西下，自揣履蹈之獲愆；念此氣血東來，
無非霜露之所墜。顏行何敢再逆，革心以表後
誠。昔也威未見德，無怪鳥駭於虞機；今者悟已
知迷，敢後麟游於仁圃。伏願視天地萬物為一
體，合象胥寄棘為大同。遠柔而邇能，形民固無
心於醉飽，貳討而服舍，依魚自適性於淵泓。夫
且問黃耇之海波；豈特誓丹誠以皦日為已哉。

明顯的是，鄭克塽描述自己是沒有指導者與父親的孤
兒，而如今他找到心目中的那位父親，他會確定一切回歸秩
序。

總而言之，此降表的推論分成六個階段：

1. 清政府統治全中國，現在可以代表中國，就是中國了。

**2. 我們之前支持南明只是因為明清兩朝交替時尋求我們支
持的是明朝。**

**3. 我們對清廷已經不構成威脅，再加上我自己是孤兒，沒
有任何指導者。**

**4. 您（康熙）是一位很偉大的統治者，天下的人都很敬佩
愛戴您。**

5. 過去我們攻擊西方（中國）是錯誤的。

6. 現在最重要的是團結與大同，我們必須回歸中國。

　　如上所述，歸降書的作者是鄭德瀟，鄭克塽的中書舍人。[25] 作為一位御用作家，他如何為鄭克塽的投降辯解，並且在不背叛鄭氏祖先記憶的前提下有說服力地表達對清廷的善意與忠誠？他如何在不丟臉的情況下表示臣服，否認直到那時還在運作的邏輯或正當性？他如何在不惹惱清帝的狀況下保住面子？這不就是畫圓為方嗎？降書的作者該如何化解如同剛好相反的東與西之政治、心理，與地緣政治的邏輯？其實鄭德瀟真的可以畫圓為方；他以324個字就做了一種完美的論述上的翻轉。

　　鄭克塽先表示他認為中國從古至今歷代帝王至康熙都是天命傳承：「伏以論域中有常尊，歷代紹百王為得統。」這個是所謂的「目的論」（_téléologie_）的好例子。實際上，人類的歷史中並沒有這樣的線性歷史發展的方向與邏輯性，這就是一種「歷史的再線化」（_une relinéarisation de l'histoire_）。此句的目的顯然是表達鄭氏「承認」清朝統治中國的正當性，因為現在清朝被鄭氏視為明朝的繼承者——順便一提，清朝強調他們並非導致明朝滅亡的原因，李自成才是主因，而且是吳三桂打開山

---

25 江日昇，《臺灣外記》，29卷。

海關請他們入關平亂。再來，他就自然地指出清朝統治中國乃是天意：「觀天意有攸屬，興朝宅九土以受符」。「九土」代表全國土：只有皇帝或國王能夠請來自九州的代表帶給他各州的一把土，九把土聚集在一起便代表九州不分裂，意即國家統一，以及帝王實際的權力。據《國語》中的〈魯語〉上「共工氏之伯九有也，其子曰后土，能平九土，故祀以為社」，或宋朝司馬光所寫的「至于十國五代之際，群雄競逐，九土分裂」。在這裡他已經論及國土的統一，也是此降表的第六點。中華文化裡的「變天」與「天命」的概念非常有用，也很方便：從政治學的角度來看，眾所周知，這是給現在的統治者（政治變化後的統治者）一個方式來表達他統治的正當性。此降表使用這樣的手法為清廷統治的正當性以及東寧王的臣服辯護。清楚的是兩方都明白這只是口惠，但主要是兩方知道他們分享共有的「價值觀與榮譽準則」。因此，康熙就繼承了統治權，所以全天下萬物必須瞻仰他，至少此降書這麼說：「誠五德之推移，為萬彙所瞻仰者也」。這是作者提出的推論裡的第一階段：表達目前統治者的位置是不能質疑的。這裡指涉的滿族清廷已經變成中國，換言之，清朝＝中國。這個是明鄭島嶼政權試著做的論述上的協商（*discursive negotiation*）的出發點。這個協商的目的是重新建構早期的「兩岸關係」以面對巨大的地緣政治改變（*reconceptualization of 'cross strait relations' to face a new geopolitical situation*）。所以此投降書的第一個論點在我們研究的跨世紀比較歷史性地緣政治史是很重要的一點。只要鄭克塽承認滿清統治中國的正當性就可以開始談判，也可以開始抱持清廷會有彈性的希望。這個是臺灣海峽地緣政治史裡的一個轉捩點。

承認清朝統治的正當性之後，他可以開始談比較敏感的鄭氏過去反對清朝的這件事。鄭氏三代（芝龍、成功、經）皆反抗滿清後，鄭克塽如何能夠說服康熙他真的承認他的統治權也同時保護他祖先的顏面？怎麼樣可以保護鄭芝龍、鄭成功與鄭經的聲名節操？作者用了一個很聰明的方法，分成兩個論點：第一、鄭克塽前三代的祖先受到南明的招攬；第二、鄭克塽孝順而不得不「念」他的祖先：「伏念先世自矢愚忠，追懷前代之恩，未沾聖朝之澤」。不管是鄭克塽對他的祖先或者是他的祖先對明代都表示「忠誠」，誰不會瞭解呢？這裡作者巧妙地用到雙方共享的「價值觀與榮譽準則」：兩方都知道對父親與天子的忠誠是基本的倫理。而這個論點只是口惠；在論述上的協商，儀式與禮節比事實重要。

第三個階段是表示東寧國有多麼積弱不振，也是讓清廷知道他們已經不必再把東寧國視為潛在的威脅。這個透過了一種自我輕視，但是可惜的，也是透過了一種貶低臺灣的論述。它是否等於歧視臺灣（「闢東土」、「重險」、「遺黎」、

「孤栖海角」）？或者有可能剛好相反：為了向清廷表示鄭氏並不危險，作者強調鄭氏第三代鄭經的一種「土著化」與跟臺灣原住民的混雜化。這絕對還不是一種「臺灣化」現象，但有可能就是一種早期「本土化」論述之萌芽。鄭德瀟先寫鄭氏沒有受到清朝支持所以鄭成功往東開闢臺灣：「是以臣祖成功，篳路以闢東土」，看起來是鄭成功不得不離開祖國到蠻荒之地開墾生存。關於作者提到的鄭經與原住民所謂的混雜性，也是隱約意指當時鄭經對反清復明或紮根臺灣兩條路之間的猶豫：「臣父經，鞨韋而雜文身」。在此歸降表下半他會提到鄭氏反清的一些戰事，但是在此推論階段他目前想做的是強調鄭成功與鄭經兩代離開中國的事實。他們並沒真正地離開中國，且數度回去攻擊滿清，目前就不必談了……接著鄭克塽呢？他1683年時只有13歲，並無法為他祖先的錯誤負責，但是他是現任的東寧王也必須簽下降書。作者怎麼面對這個問題呢？他選擇強調鄭克塽的弱勢地位：「寧敢負固重險，自擬夜郎」。在像臺灣這樣的地方，他就不可能有自信，所以清廷不必擔心多慮嘛。作者接著解釋為什麼「他們」去臺灣：並不是為了反對滿清而把臺灣當為基地，只是為了保護跟著他們離開中國的老百姓：「抑亦保全遺黎，孤栖海角而已」。降表的作者強調鄭克塽對他的人民、對向他的家族尋求庇護與保護的那些人必須仁慈相待。此處，作者也假定康熙能夠立即了解一位

統治者好好對待他的人民之必要性。另外離開中國的那批人在臺灣過著很辛苦的日子，他們的確很可憐，因為離開祖國。在這麼偏僻貧窮的地方，他們怎麼可能構成對清廷的威脅呢？值得注意的是此種自我藐視是透過貶低臺灣。還有一點有趣的是，誰是降書裡提到的統治者？佔領臺灣的當然不是「他」鄭克塽，而是他的祖先鄭成功與鄭經；降書提到這批難民其實是邊疆的開墾者，也是跟著成功與經來的，但是「他們」鄭成功與鄭經在推論中就變成跟隨「他」克塽而來的。從「他們」到「他」：為什麼會有這樣的一個意識的語義上之轉移（*glissement sémantique*）？原因就是為了扛起責任；誰會真的怪罪這麼年輕的幼子？更悲慘的是東寧國王是一個沒能力的孤兒，至少作者這樣描述他。其實不只是為了添加可憐度，在推論的展開也是很聰明的論點：鄭德瀟這裡寫的是東寧王這個「稚子」很淒慘地繼承權力、暗示不能為他祖先錯誤的行為負責：「迨至先人弛擔，稚子承祧」。如果鄭克塽是孤兒，那就必須找個代理監護人，也就可以請求康熙當他的義父或指導者：「常思畏天之威，莫求縮地之術」。作者這裡開始談他在降表最後的階段會提到的論點，也就是說鄭克塽必須回祖國：縮短他與康熙之間的距離。表面上是鄭克塽是自己說的，更加強降書的說服力。因為誰都知道降表不是鄭克塽自己寫的所以不能「相信」，但又不能拒絕內容：在做論述上的協

商時，論述與推論取樣比事實重要。多虧這點，康熙才可以接受「象徵性父親」的身分（*paternité symbolique*）此想法。

第四個階段就是以正式的禱詞開頭，以極為奉承而類似宗教意義之祈求與讚美向康熙獻殷勤。現在清楚地看見誰是真正的皇帝，讚美康熙像天一樣仁慈博愛且有正義的胸襟，就是論述上的協商的下一階段。也是有邏輯的：作者先承認天命的傳承、清朝統治的正當性，強調他們鄭氏在臺灣這個「海角」的弱勢，又表示他鄭克塽這位孤兒的無奈，最後表達他希望縮短與康熙之間的距離：再來便是表示康熙的偉大地位，說出任何抵抗皆是白費力氣：整個情況改變了，因為太陽又出來了！這裡歸降表開始讚美康熙說康熙像天一樣包容萬物，就是萬物立足之地，一個胸懷四海、公平公正的統治者：「茲蓋伏遇皇帝陛下高覆厚載、仁育義懷」。作者用一個比喻形容康熙如旭日「西」昇；清朝不但完成了「清鄉」工作、統治全中國，再加上又擴大領土：還不是「青天白日」，但已經藍天清日。清朝的白日是：「底定中邦，如旭日升而普照；掃擴六宇，雖浮雲翳而乍消」。儘管詞藻優美，或許清楚的奉承與巴結加上缺乏對史學家有用的事實資訊說明了為何學者對這封降表的興趣有限。

然而，鄭克塽也必須徹底承認他的家族的錯誤，不過在暗示鄭成功與鄭經對他們的子民很仁慈之後，這就容易許多。

「苟修文德，以來遠人；寧事勝心，而焚海內」，也就是說承認自己沒有足夠的道德修養（如孔子說的「修文德，以來遠人」），只考慮自己的利益，在海峽（海）及大陸（內）發起戰役：「乃者舳艫西下，自揣履蹈之獲愆」。從臺灣看地緣，中國就是「西」方，臺灣就是「東」方；作者承認家族間的內鬨（攻擊中國）是愆尤，也就是像履蹈一樣，而留在「東」方（臺灣）的跟隨者已經是像朝露，太陽出來便會蒸發：「念此氣血東來，無非霜露之所墜」，是否「氣血東來」指的是跟著明鄭去臺灣的人，或者回大陸攻擊的人，兩者皆有可能；「霜露之所墜」是否指即將消失的跟隨者，或者指「霜露之思」地、太想念故鄉而回大陸攻擊，兩者皆有可能。

第六點就是承諾會依道德行事：「顏行何敢再逆，格心以表後誠」，也就是說他不會再反叛。認錯之後，鄭克塽便可以更有說服力地發誓會公正行事，保證會改進他的言行：「昔也威未見德，無怪鳥駭於虞機；今者悟已知迷，敢後麟游於仁圃」。這個麒麟的對面就是龍，也就是康熙，仁圃就是康熙統治下的天下，也就是中國；做論述上的協商時為了說服康熙饒他一命，作者必須美化中國，再次自我貶低。並且以滿族人最想聽到的話作結，表示他會支持「家族的再重聚」，意指接受滿族的統治：「伏願視天地萬物為一體，合象胥寄棘為大

同」。「寄棘」的意思可能是形容兩種互相依賴的生物，也可能也是形容帝國邊疆的居民。當時還不能使用現代政治用語「統一」，但「一體」之下的「大同」表達類似的概念，儘管有著顯著的差別：這不是重新「統一臺灣」的問題，因為在第一次臺海危機之前與發生的時候，臺灣從不被視為中國的一部分──如鄭克塽的降書所示。在對抗非漢人的滿族時期，臺灣被當作一個建立與保護漢人制度的地方。但是，一旦到了結束的時候，臺灣的統治者必須面對事實：他們處於放逐的狀態。在這個意義下，「大同」指的是停止戰鬥，而「一體」指的是放棄海洋堡壘回到大陸一起生活：直到鄭克塽投降後關於如何處理臺灣的爭議，清廷最終才決定把臺灣歸納清帝國版圖。降表裡有一句之前已經談過的話，清楚地表達將臺灣當作有待拓展的邊疆（「臣祖成功，篳路以闢東土，臣父經，耕韋而雜文身」）或當作有機會就該離開的蠻荒之地（「寧敢負固重險，自擬夜郎」）的搖擺不定。二十世紀中期後，這種對臺灣海峽的猶豫不決有了明朗的未來。他再次讚美康熙，像孫子說的「近伐遠柔」，無論處在帝國何處，所有人民都願意效忠他：「遠柔而邇能」；因為康熙是個模範，所以臺灣這個邊疆的居民不會想到「醉飽」。所以施琅的「貳討」時就決定要避免流血衝突，就先投降──這就是「服舍」的意思。現代中國宣傳常常說清朝那時候對明鄭很忍耐也等了很久，「和談

十次」都不成功，最後「大兵压境，以战逼和」就贏了[26]，暗示現在臺灣也在反抗，但是最後還是會失敗。如果1683年7月16日半夜風向沒有轉變，幫助施琅打敗鄭氏水師，後來的歷史可能會不一樣。誰知道到底施琅的水師的優越力量或鄭氏政體的內鬨之間哪個因素比較重要？鄭克塽的輔佐大臣有兩個可能的選擇，第一就是在地緣政治上談判妥協，第二就是在軍事戰場上奮戰至死。為什麼鄭氏沒有選擇第二個決定呢？是否因為他們這個來自中國的逃亡政府覺得「血濃於水」？為決定投降提出的辯護慢慢轉為道德上避免戰至最後一兵一卒：「貳討而服舍，依魚自適性於淵泓」以及回歸祖國的必要：「依魚自適性於淵泓」。貳討好像形容鄭氏的反抗（「貳」）所引起的清朝的鎮壓（「討」）；這裡鄭德瀟用「貳」這個字來形容鄭方，因為貳有不好的含意，所以我們可以說鄭方已經妥協到用清朝觀看他們的方式；因為「貳討」所以鄭方願意「服舍」，什麼是「服舍」呢？根據國語辭典，服舍的有兩個可能的意思，第一是形容貓頭鷹飛進房子所代表的不祥預兆；第二是居喪的盧舍；兩者都讓人想到要試著避免的情況，所以筆者覺得這裡「服舍」的意思是為了避免血浴東寧國而投降。鄭

---

26 先如，見〈清朝康熙帝统一台湾的战略策略及得失〉，中國经济网。http://cathay.ce.cn/person/200811/19/t20081119 17432971.shtml。筆者於2011年8月9日瀏覽。

德瀟也用另外一個理由來正當化鄭氏的投降，就是使用「淵泓」比喻中國為魚要游回去的地方。鄭德瀟的推論到這裡為止，最後一句錦上添花：「夫且問黃耇之海波；豈特誓丹誠以皦日為己哉」。

一個價值觀的地緣政治

最後一位東寧王正式承認了鄭氏王朝幾十年來一直否認的事：滿族統治中國的正當性。因此殺他是不必要的事，因為他已經做到必須完成的：論述上的叩頭（*a discursive kowtow*）。如果我們嘗試用地緣政治分析的方法 —— 包括檢視外交修辭、理解價值觀、評估對優勢與弱勢的察覺，以及判斷權力均衡 —— 來解讀這封降表，我們也許會察覺原本被視為缺乏實際歷史資訊的第一封歸順書可能含有有益的史料：關於第一次臺海危機形成、達到高潮與結束的政治文化脈絡。

自從鄭經過世後，東寧國內部紛爭不斷，不能繼續打或者不願繼續打？在澎湖被打敗後願意妥協是他們的選擇；但是他們是否把回到中國視為唯一的可能選項？鄭經好像試著跟清帝國協商東寧王在大清國宗主權下的存在，但失敗了；筆者懷疑，鄭德瀟跟鄭克塽身旁的大臣於1683年夏天寫的第一封投

降書是否在兩種選擇間搖擺不定？他們承認清朝統治中國的正當性，也承諾不要再反對，因為當時臺灣絕對不屬於中國，所以又談到回中國的這個選項；但是好像此歸降書也暗示他們希望可以暫時延續東寧國：鄭德瀟清楚地提到鄭經的一種「紮根現象」（「靺韋而雜文身」），再加上他提到「合象胥寄棘為大同」，我們可以懷疑他是否像鄭經一樣想像一個在大清國的宗主權下可以繼續存在的東寧國。要游回淵泓的魚是鄭氏的官員或是一般人民也並未說明：第一封降表的特色就是它的詞藻優美而語意模稜兩可；筆者的感覺是它刻意讓讀者有不同的詮釋。施琅堅決地拒絕徹底投降之外的可能性，所以才有第二封歸降表。此降書透過施琅以及福建省總督姚啓聖而呈給皇帝。為什麼尚未得到康熙的答覆便寫了第二封降表？從地緣政治的角度來看歷史，我們可以斷定施琅甚至是康熙根本不會考慮給東寧國任何希望。

　　雖然這封歸降表是由一方寫的，但是其實兩方在裡面也在討論、協商我方與他方的價值。第一封投降書是論述上的談判，但是鄭氏在戰事上已經被打敗。鄭德瀟寫的推論可以看到雙方的價值，這種獨白就是一種對話：清方的價值是和平、大同、主權等，鄭方的價值是政權正統、中國傳統還有東寧王國的獨立，但是鄭方是弱者，整個臺灣海峽地緣政治已經改變了，所以鄭氏已經染上對方的價值觀。如果鄭方不是重視正統

以及不是來自大陸的政權,而是本土島嶼政權,他們可能比較難受,但是剛好他們來自中國,所以我方與他方中間的共識是比較容易找到的。此降表試著談判保持可以保護東寧國的希望,但它很有技巧地找到可以動員哪些價值來說服對方,鄭氏已經正式地投降:兩方找到了共享的價值觀與榮譽準則。

這個就是一個價值的迴轉,從反對到合作,從鬥爭到統合。有趣的是這個部分是口惠,誰會相信鄭克塽身旁的大臣突然這麼尊重康熙,但又不能拒絕他們最後還是在某種程度上贊成與適應新的權力均勢,因為我們人、特別是掌權者的價值觀很容易隨著情況而改變或適應。地緣政治改變,我們就跟著改變,很快地找到一個新的方法來正當化我們新的看法,這個就是策略性的調適(*strategic adaptation of values*),就是一個價值觀新的階序(*hierarchy of values*)。此投降表裡面顯示兩方價值觀的對話,意思並不是這個對話是有衝突的,如果歸降書動員兩方的價值真的是完全不同,那它就完全沒有說服力了。此策略性的價值調適很可能會被視為純粹的虛偽,它也是論述、信念與推論變異的指標。然後每一項決定必須有其正當化,除非統治者是絕對的獨裁者。所以一個論述的改變會慢慢或突然引起整個推論邏輯還有被動員的價值的重組,此重組跟信念的變異有關,而不只是一個虛偽的調適來說給勝利者、老闆、霸權或情人要聽的話。人就是這樣。

在鄭德瀟寫的第一封歸降表裡有個談判，不然不必寫這麼多，只要承認失敗投降，或者直接寫第二封說明投降情況的信。這裡被談判的是什麼？答案為鄭氏的聲名與榮譽。鄭克塽「承認」他的祖先有錯，但是鄭德瀟找到一些可減輕罪行的情節；兩者並置時投降就比較容易了：它不但比較不會讓鄭氏失面子，也可以看起來是事態理所當然的發展。可以回到分享的「價值與榮譽準則」：勝者不必趕盡殺絕，因為敗者承認勝者的優勢，更好的是不必繼續打仗、不必犧牲人民，還好只有兵士傷亡。只是，在這個過程中，被犧牲的是自主與自由；他們是為了權力而被犧牲的。

從忠誠到面子的外交

勝利的一方不太可能被尊敬與仰慕的宣言欺騙，特別是施琅——變換擁戴對象之前，他在鄭芝龍的帶領下與清廷作戰。也不應該假定歸降表的作者臆測宣誓忠誠可以說服滿人。降書裡的最後一句確實使用「誠」這個字，但主要是形式。此策略成功的可能在於「禮」的重要性。

本文提到協商投降的派系正是主張要繼續與清廷對抗的那一派，那麼此處是否有自相矛盾之處？如果從滿族人一進入

中原之後便採用基本政治文化的角度來考慮，也許就不矛盾了。最重要的是鄭氏王朝承認北京新政權的最高權威，而且東寧國可以在保存面子的情形下這麼做，只要雙方皆假裝此突然的改變是基於共有的信念：滿族人享有天命且是真正的中國。這令人想起臺灣的國民黨自二十一世紀初改變對中國的態度背後複雜的基本理念：不僅是臺灣海峽兩岸的權力失衡；不僅是對個人的根之難以名狀的渴求，無論那有多麼理想化；也是了解到今日的中國共产党已非昨日的共產黨，如今它作為永恆的中國的明確的領導者，正引導著一個邁向全球强權的國家的命運。一如前面提及鄭克塽降文的開頭為：「歷代紹百王為得統。觀天意有攸屬，興朝宅九土以受符。誠五德之推移，為萬彙所瞻仰者也。」

回朝，退潮

「中間路線」的必要與困難

2

　　李前總統執政不久，就開始了對臺灣海峽進行一種「現狀的探索」（*exploration of the status quo*），這個等於是再思考兩岸關係、臺灣在國際舞臺上的地位、還有臺灣要以甚麼管道與軌道來擴大其國際能見度。李前總統一提起這個政策後，臺灣的主權身分就馬上躍升為重要的議題。自從1993年「重返聯合國」的政策開始，李、陳兩位前總統都在找以國家身分（這裡指的是 *statehood*）參加國際組織的方式，因此他們都很努力地推動這個原先臺獨支持者不會想認可的「中華民國」的主權。在馬英九當選中華民國總統這一天，這個敏感又複雜的主權問題的重要性，又被強化了。與李、陳前總統執政時，中國對兩岸關係的詮釋的基本觀念產生了衝突，馬英九總統會怎麼樣處理它？國民黨不是在一條坎坷的路上多次救了中華民國這個政體嗎？做為創國之黨的國民黨本來不是最能夠捍衛中華民國的主權嗎？

　　臺灣認同政治與地緣政治的迂迴邏輯，讓主權這個問題比剛剛講的單純想法又複雜得多。它讓很多國內與國外的人懷疑現在的國民黨，特別是在中國的壓力下，是否會為了追求與大陸比較友善的關係，而在中華民國的主權上做某種程度的讓步？他們同時也在思考，支持臺獨的民進黨現在是不是已經變成了因為「中華民國」目前仍是唯一臺灣具有的主權性的工具來抗拒中國統一的政策，而強烈地捍衛它？換句來說，民進黨

是否變成了唯一真的支持維持現狀的政黨嗎？

　　國民黨裡面，從九○年代開始，已經有若干人覺得復興中的中國與臺灣獨立勢力的強化之間，對中華民國最危險的因素，已經不見得是一個要收回臺灣的「收復失地民族主義」之中國（也是所謂的 *Chinese irredentism over Taiwan*）了。在一方面，中国共产党目前已經不再高舉共產主義的大旗；另一方面臺灣正式獨立就等於是中華民國的國號更改，而且會造成支持中國統一的人的眼中所謂的國家分裂。投票給國民黨或藍營的臺灣外省群眾中，在李陳前總統執政時，是否有人對中華民國這個被大幅度地臺灣化的政體已經有模稜兩可的忠誠，此敏感問題很少被公開地討論，筆者在2004年《風和日暖》一書中曾講過有這種「國家認同形成」或配置（*configuration of national identification*）的現象，但李登輝執政時還算少數。據藍綠兩邊媒體最近的報導，這種對國家的模稜兩可的忠誠，最近又有一個例子：2011年6月初，中國的新华社及《人民日报国际版》報導了一則有關兩邊廿一個高層退伍軍官的「中山‧黃埔‧兩岸情」聯誼會的消息，其中有一些中

Jerome Soldani, 普羅旺斯大學，台北，2011

華民國國軍的將軍，講道：「今後，不要再分甚麼國軍、共軍，我們都是中國軍隊」《自由時報》[1] 或「不要再分國軍、共軍，都是中國軍人」《聯合報》[2]。看了在臺灣國會裡馬上爆發的藍綠不分的風波，一位中華民國將軍全盤否認，但是此事件讓馬總統馬上緊急召開國民黨中常會，馬在會中說如果此傳言屬實，那就是「對臺灣人是一種背叛」[3]，正如往常一樣，這個辯論在沒有調查前就迅速從臺灣媒體前消失了。這個媒體所報導的事件指出了一個很核心的問題，個人跟群體的價值觀之間的衝突。如果一個利害相關者的個人價值觀跟整個政體的價值觀有衝突，甚至達到在法律上很清楚的是非法的程度，他就必須為自己劃分界線──他能做的與不能做的界線。如果臺灣的外省籍軍官要回大陸去，特別是在大陸出生的人，他們想要看自己出生地、家人、鄉里的心情，這是可以理解的，任何在同樣狀況的人都會如此。但是要看他們以甚麼身

---

1 據自由時報 2011 年 6 月 9 日報導，中國人民解放軍少將羅援說，在五日晚間舉辦的一個聯誼活動上，一位台灣退役高級將領說，「今後不要再分什麼國軍、共軍，我們都是中國軍隊」，羅援並說，聽了這番話，他深深感到，「兩岸軍人就是打斷骨頭還連著筋啊！」http://www.libertytimes.com.tw/2011/new/jun/9/today-t1.htm。筆者於 2011 年 6 月 27 日瀏覽。

2 〈退役上將登陸：國軍共軍 都是中國軍〉，聯合報，2011/06/08。

3 〈「國軍、共軍，都是中國軍」？馬英九：非常不妥非常意外〉，今日新聞網，見：http://www.nownews.com/2011/06/08/301-2718823.htm#ixzz1TxXO5nOu。筆者於2011年6月27日瀏覽。

分去？以「一般人」或以「軍人」的身分？兩者的意義是不同的。中华人民共和国以及中華民國在技術上還在內戰的情況：1991年李前總統廢止「動員勘亂時期臨時條款」，這等於是承認中华人民共和国的統治權；也是從臺灣法律的角度終止內戰，但是中华人民共和国不但沒這麼做，而且還在2005年通過所謂的〈反分裂国家法〉，所以雖然馬總統上臺之後兩岸關係在表面上舒緩了，但從軍事方面並沒有撤除導彈以及其它針對臺灣的軍事部署，在外交方面也沒有停止對臺灣之施壓。因此直到兩國或兩府簽署和平和約，或北京廢除《反分裂国家法》與放棄使用武力解決所謂的「台湾问题」，兩國之間還是會在技術上處於一個內戰狀態。很多人在討論是否跟中國建立起「信心建立機制」（*confidence building measures, CBMs*），其中有些認為大概做不到，因為中國的目的並未改變。[4,5] 不過在某些方面，馬政府對中國的新政策可以說是一種信心建立機制，問題是中國是否僅將此視為短期內在兩岸關係上的進展，而下一步還會一樣追求在一個中國原則下的兩岸統一。回到這個「中山・黃埔・兩岸情」聯誼會，去大陸的軍官不但最理解中國對臺的「收復失地民族主義」，也知道國防部不讓他們以個

4　見蕭朝琴〈兩岸信心建立措施芻議〉，《遠景基金會季刊》，4卷1期（2003/01），65-91。

5　見林正義〈美國與台海兩岸信心建立措施〉，《問題與研究》，44卷6期（2005/11），1-28。

人的身份跟對岸的軍官聯繫；雖然有一位軍人否定了有人講「我們都是中國軍」這句話，但是媒體刊登的照片上讓我們看到了酒酣耳熱、眉開眼笑的場景，可以顯示出他們不但很開心地回老家，而且很開心地跟一個「收復失地民族主義」的大陸在慶祝，那就是跨越了那條他們不應該跨的界線。他們顯然未能分清個人身分與官方身分、個人認同與國家利益。據中國新聞社報導，對方羅援少將，為這個「家族聚會」極為興奮地公開表示（引自中国新闻社）：

> 台海太小，难展中国军人文韬武略之大智大勇，让我们跳出狭隘的地域观念，还我以叱咤风云的中华大舞台；军事视野太窄，难容中国军人博大胸怀，让我们跳出单纯的军事定式，再现我中华'上兵伐谋'之兵法精髓；一万年太久，难了我几代人之统一夙愿，让我们摆脱消极等待的心态，给世界一个惊喜，给全世界一个榜样。[6]

為甚麼國民黨現在被某些人視為可以在中華民國主權方面

---

6 見《中国新闻网》，〈罗援少将寄语两岸军人三句话：三个"太" 三个"难"〉，2011年6月7日，http://www.chinanews.com/tw/2011/06-07/3092006.shtml。筆者於2011年6月27日瀏覽。

向中國讓步呢？自從馬英九總統上臺之後，這個問題一直都有人在問，它也一直在困擾馬政府。這個問題最早的原因，可能是馬英九總統執政前幾年國民黨其它的重要人物已經使得綠營懷疑2000年以後的國民黨對保護國家主權的決心，這也變成馬英九總統的包袱。在野黨更懷疑馬總統多次承諾他會以臺灣為主、保護臺灣等等的想法。本章會進一步地討論國民黨在2005年4月，陳水扁總統第二任任期內，怎麼樣準備與中國共產黨達成一個歷史性的和解，這是在馬英九先生於2005年7月當選國民黨主席的幾個月前。國民黨「榮譽主席」連戰第一次訪問中國後，大家在想，如果國民黨再次執政，他會怎麼樣同時進行兩個在表面上有衝突的政治議程：一為保護中華民國在臺灣與其公民的主權；二為與中华人民共和国改善關係。同步進行這兩個議程的難度大家也都知道：中华人民共和国一直堅持對臺灣的收復失地民族主義立場與政策，國共和解的幾週前，中國「国务院台湾事务办公室」暗示了臺灣不能無限期拖延往國家統一為目前的政治談判，這是中國「全国人民代表大会」通過〈反分裂国家法〉這個法律的同一天，也就是2005年3月14日：當天，王在希，當時的「国台办」副主任，回答一個問他中國有沒有期限的一位記者說：

至于你刚才讲到毛主席在上个世纪七十年代的讲

话，我的理解只是在当时的情况下，认为台湾问题可以暂时搁置一下，100年只是作为一种形象的说法。因为，在当时也还没有出现『台独』分裂如此严峻的形势。[7]

其實，當時當然已經有一個「臺獨」運動，他是否忘了？也可以提醒讀者，國共和解前所通過的〈反分裂国家法〉第八條「規定」：

「台独」分裂勢力以任何名义、任何方式造成台湾从中国分裂出去的事实，或者发生将会导致台湾从中国分裂出去的重大事变，或者和平统一的可能性完全丧失，国家得采取非和平方式及其他必要措施，捍卫国家主权和领土完整。[8]

同一天王在希副主任對此法條的詮釋引起了一個爭論：「国台办」是否剛剛宣佈了可以攻擊臺灣的新的條件──就是

7　〈王在希：台湾问题背景复杂但不能无限期拖延下去〉，《中国新闻社》，2005年03月15日。http://www.chinanews.com/news/2005/2005-03-15/26/550894.shtml。筆者於2011年6月27日瀏覽。

8　〈反分裂国家法〉全文，中华人民共和国外交部，http://www.fmprc.gov.cn/chn/pds/ziliao/tytj/t187116.htm。筆者於2011年6月27日瀏覽。

臺灣一直拖延與中國開始統一的談判？或者只是重複中國国家主席江泽民1995-1997間幾次暗示的新條件？在這樣的情況之下，積極準備「回朝」的國民黨微調它對兩岸關係的政策，既要達成臺灣利益的保護又要達成兩岸關係的突破。

　　本章試圖描述國民黨在一個透過大幅度改變的政治還有地緣政治的脈絡裡來保護臺灣主權的爭議。這個新的脈絡就是中華世界宏觀的再結構化（*the restructuring of the global Chinese world*）。「親中不反統」的國民黨回朝了，中國史無前例地強大，且已經對準國民黨與中華民國國軍軍官施展其懷柔政策。這個情況與最近幾十年有重大的差別，但在臺灣海峽地緣政治史裡已經有先例。評估兩個時代的不同之後，可以看出雖然兩個時代有許多的差異，但還是可以進行比較十七世紀末與二十一世紀初在海峽兩岸的狀況：這個懷柔政策很像清廷與施琅一直到攻擊臺灣前夕所進行的政策。本章會臚列馬政府在在野黨的攻擊之下，怎麼嘗試說服人民國民黨保護臺灣主權的政策並不模糊，而是執政的核心準則。馬總統在他的就職典禮後未滿一年時，派了他的左右手羅智強到歐洲與國際專門研究臺灣的學者談此議題。羅智強擔任過馬總統於2008年總統競選團隊的發言人、中央社副社長，以及總統府的發言人；馬先生開始競選連任時，又選他當競選辦公室的副執行長，可見羅智強是可以傳達馬總統的意志的。2009年初，歐洲臺灣學會執行委

員，開始考慮要不要羅智強在該會的年會發言。至於他的政治身分，該會的執行委員會決定了要給他一個非正式的發言時間而已，但接受請他來談這個馬總統與主權的議題。因此他在歐洲臺灣學會於馬德里的第六屆年會，在2009年4月17日發言時，向研究臺灣的國際學者講了這一句話：「主權就是像在路中的一塊大石，與其撞向它，我們想要繞過它。」

臺灣怎麼樣可以面對中國崛起或復興的事實（或如上引羅援少將説的：「再現我中华」）？國民黨怎麼樣可以結合保護臺灣的主權以及利用中國經濟發展帶給臺灣各行各業的機會？另一有關的問題是：國民黨怎麼面對臺灣政體的民主準則？

怎麼會想到最後這個問題呢？因為民主化帶來言論自由以及投票權，所以過去跟現在的臺灣公民社會與政治人物曾與國民黨的中華民族主義邏輯多次對立，避免讓極統派成為主流；但「中國國民黨」本身從未放棄「國家統一」的理想；所以，我們可以想，如果國民黨判斷臺灣的民主過程，從不同的層面會危害國家統一這個目標——臺灣過去二十年的政治史中給了我們許多這個衝突的例子——它會做什麼樣的選擇？它會不會直接**抵抗**民主化以及慢慢讓臺灣的政治組織及制度返回戒嚴時代的的模樣？或者它會不會剛好相反，尊重民主的過程而**調整**它的目的？還是會慢慢**放棄**它原來的目標？或是第四個

可能性，它會不會表面上尊重民主判決的結果而私底下卻試著**影響**民主過程，包括採用非民主化的手段，比如扭曲資訊新聞以及影響媒體。最後一個可能性則是**等待**。這五個可能性——*resist, adapt, abandon, influence, wait*——就是在所有的民主國家都會見到的現象，包含西方，特別是第二個（適應）和四個（影響）。[9]為了研究此敏感又核心的議題，本文從在中國重慶2010年6月簽署的〈兩岸經濟合作架構協議〉（以下簡稱ECFA）開始討論，這麼有意義的兩岸關係的新共識是怎麼達到的？它在語義上如何被談判出來，並不是筆者目前要研究的問題；想研究的則是它怎麼樣被呈現在民眾與國會面前。

這裡特別要提出的問題是ECFA沒有被國會核准或被民眾公投表決，是否表示馬政府跳過了臺灣的公民社會、不夠尊重民眾的焦慮、有比較弱的民主價值觀？本文在探索這個問題是否這麼簡單？國民黨面對公民社會的擔憂時，會做**抵抗、調適、放棄、影響**或**等待**的選擇？

---

9 「抵抗」跟「放棄」是最非凡的；「抵抗」基本上是反對民主規則來達到目的，比如2011年7月在挪威發生的大屠殺，兇手反對整個歐洲的多元文化主義的路線而決定自己採取行動；「放棄」基本上是最尊重民主的狀態，比如1993年斯洛伐克宣布獨立時捷克斯洛伐克政府面對這個以和平民主的方式做的決定，以和平民主的方式接受了；「放棄」大概是最少見到的情況。

技術性兼跟主權有關

　　2010年6月29日「海协会」和「海基會」兩個半官方的協會在中國重慶簽署了〈經濟合作架構協議〉。自從馬英九就任總統25個月以來，ECFA就是第18個跟對岸的協議，這顯示出2008年後快速跟中國簽約的新政策以及綠營必須面對的新環境。[10] 每次中國派協商代表團到臺灣，臺灣街頭就有抗議，有的是大型的[11]；大家都還記得臺灣警察阻止抗議者揮舞中華民國國旗來表示他們擔心中華民國的主權會被損害──這件事情使綠營大為光火，有人很快就把電視報導做了一段影片放到You Tube上。[12] 後來「野草莓」運動的發起人表示這件事情是

---

[10] 第一次談判於2008年6月：觀光客；包機直航。第二次談判於2008年11月：郵政；海運；食品安全；空運。第三次談判於2009年4月：犯罪及司法互助；空運（補充）；金融合作；保險業監管；銀行業監管；證券期貨監管；「陸資赴台投資」。第四次談判於2009年12月：農產品檢疫標準；計量認證；漁船船員勞務。第五次談判於2010年6月：ECFA；智慧財產權。第六次談判於2010年12月：醫藥衛生。見http://www.mac.gov.tw/ct.asp?xItem=67145&CtNode=5710&mp=1

[11] 有一個有意思的現象，今日支持民主的中國知識分子，不一定能接受民主的結果──尤其當這個結果和他自己的民族主義有衝突時，例如，許知遠：當他看到在2008年11月訪問臺灣的陈云林，受到臺灣民眾的抗議場面，很難理解這些抗議者的心理；見許知遠（2011）《祖國的陌生人》，〈台灣素描〉，台北：八旗，頁157-190。

[12] 見http://www.youtube.com/watch?gl=TW&hl=zh-TW&v=ag8vFfk3avU by Formosa Television民視新聞.

讓他們開始從事運動的導火線，在他們的眼裡，臺灣的主權會慢慢消失，警察的暴力行為顯示出臺灣的公民言論自由也會遭到波及。[13]

ECFA是一份長達72頁的協議。[14] 它呼籲雙方實行下列措施：一、逐步減少或消除雙方之間實質多數貨品貿易的關稅和非關稅障礙；二、逐步減少或消除雙方之間涵蓋眾多部門的服務貿易限制性措施；三、提供投資保護，促進雙向投資；四、促進貿易投便捷化和產業交流與合作（海峽兩岸經濟合作架構協議 ECFA，第二條）。這個協議牽涉很多所謂的「技術性」的項目：關稅優惠與免關稅、海關程序、技術性貿易門檻（*technical barriers to trade, TBTs*）、補貼、投資相關條例、智慧財產權的實行、在雙方的領土要成立貿易代表處、協議實行時發生的糾紛之解決等議題。雖然它們是技術性的，但是卻跟國家主權有關。主權本身不只是一個理論：它剛好必須技術上與法律上被實行才是實質的主權（*substantial sovereignty*）而不是名義上的主權（*nominal sovereignty*）。換句話說，ECFA的技術性特徵（馬政府的言論）以及它碰到國家主權的特質（綠營的言論）並沒有衝突，不是二選一的，剛好相反，是唇齒相依

---

13 筆者與張之豪的對話，2011年4月11日於中研院。

14 見http://www.moea.gov.tw/Mns/populace/news/News.aspx?kind=1&news;
d=40&newsid=19723。

的。國家主權是可以在技術性的小細節見到的；同時這些技術性的小細節存在的原因正是因為它們在一個有主權國家的脈絡裡，否則根本不會有這些「技術性談判」的必要。那麼為什麼馬政府強調這個只是技術性的協議？

主權跟我們玩捉迷藏

2010年代的臺灣有一個「國民黨是否在中華民國主權方面態度模糊？」的爭論，這是馬英九就任總統後逐漸開始發展的。在野黨跟外國媒體這種想法的來源何在？研究政治跟地緣政治的學者最近幾年開始把脈絡的「認知」（perceptions）歸納在分析裡來解釋政治的判斷與決定，所以不管國民黨在主權這個議題是否有模糊的立場，在這裡並不重要：本文此階段是想尋找此認知的來源以及馬政府如何回應。二十年前推出「重返聯合國」的政策是代表一種在國際舞台上的積極舉動；馬總統一就任就停了：它不但是被視為在可見的將來一定會失敗，而且也會激怒中國。在總統府跟台北車站懸掛的大型海報（*"UN for Taiwan, peace for ever"*）被拿掉。馬總統放棄李陳前總統要「以臺灣的名義進入聯合國」的政策；也沒有特別推動以中華民國之名重返聯合國。2008年9月聯合國大會年會，一

些邦交國替中華民國發言；隔年政府正式決定不要再繼續申請成為聯合國成員。不過，在理論上，追求中華民國在聯合國的成員身分跟馬總統追求與北京政府的友好關係並沒有衝突，只是事實上中國強力反對，所以馬政府就放棄這個政策，這是否（即為）馬總統就職典禮時所宣布的「外交休兵」？

　　中華民國國旗的爭議也是逐漸導致觀察者懷疑馬政府的立場的重要因素；它以後會變成政府回應的重要點。2008年11月中國的「海峽兩岸关系协会」會長陈云林先生訪問臺灣時，沿途在街頭與天橋上的抗議者試著展開中華民國國旗時，跟警察發生衝突，警察是依照上級指示行事，臺灣的電視新聞播出生氣的抗議者説：「這是我們中華民國的國旗，為什麼不能展開？」。我們不知道「上級」是誰：有沒有上到陸委會主委、内政部部長，或總統？那就不知道了；這件事件會讓不支持這個政策的人，包括反對統一的選民，更想拿可以代表中華民國實質主權的符號來表示他們的不滿。政府方面的論點是尊重客人而已，沒有損害我國主權的動機：這是政府的選擇，也要試著了解其邏輯；只是在同一個路途中支持統一的人插上中华人民共和国的國旗，這些國旗卻沒有被拿走，這件事會讓人懷疑政府的立場，這個也是要歸納來分析情況的面向。臺灣最重要偏綠的報紙隔天引用臺北市長郝龍斌先生的反應：他認為「單純拿國旗、國旗傘並不違法，不應取締，警方做法不妥

當」。[15] 在臺灣什麼都泛政治化了，《自由時報》懷疑「為了迎接中國海協會長陳雲林一行，台灣成了戒嚴地區、警察國家？」這是否過於誇張？有可能，但對方也有這麼做過：陳前總統執政最後一年時，政府準備把教科書裡的「大陸」換成「中國」、「兩岸」改成「兩國」，國民黨發言說這是「新戒嚴思想」。[16]

國旗的爭論透露了臺灣政黨與兩個陣營對中華民國的符號之立場最近幾年是怎麼樣改變了，慢慢變成不是藍綠分明而是「藍綠臺灣青」：兩邊都「愛臺灣」、會「鞏固主權」，最想「保護國家」。雖然「愛臺灣」、「鞏固主權」以及「保護國家」的方法與詮釋有所不同，但事實上，已經有共同的價值觀準則。至少，在表面上，已經不是之前霸權的國民黨強加中華民國在一個被殖民的社會上。之前反對這個新外來政權的臺獨人士強烈地反對政府的符號以及渴望臺灣共和國的成立。國外不深入了解臺灣的觀察者有可能很好奇地看國民黨為了尊重共产党的使者而把國旗拿走的舉動，也很好奇地看反對統一人士這麼熱烈地支持此旗幟。畢竟，2004年總統選舉的那一天藍營在臺灣平面媒體登了這則廣告：在一面青天白日滿

---

15 見《自由時報》，2008年11月4日：http://www.libertytimes.com. tw/2008/new/nov/4/today-fo5.htm。

16 見《自由時報》，2007年7月22日：http://www.libertytimes.com. tw/2007/new/jul/22/today-f1.htm。

地紅寫「絕對不能讓這面國旗從地球上消失」（Corceel, 2001:
16）。國民黨不是幾十年來在學校灌輸臺灣人有保護國旗的任
務嗎？[17] 本文會指出國旗這個問題變成綠營憎恨回朝的國民黨
的重要因素與論點，以及國民黨回應、宣傳工作的努力。

　　2009年12月陈云林再度來台訪問，第二次來訪又給國民黨
政府一個考驗，看看他們會如何處理這個棘手的主權問題。
陈主任訪問馬總統時送給他一幅立刻變得有名的畫。讀者們大
概會記得這隻馬曖昧不清的意涵。[18] 畫中的馬，牠是在跑，還
是跪著，都帶有意義。送給他的中方是否表示牠是馬政府、
新的政策是對的、要做得更快一點，或者牠尊重中國、聽北
京的話是應該的？斯洛維尼亞的當代哲學家斯拉沃熱·齊澤
克（Slavoj Žižek）分析當代社會時，用了許多通俗文化的例
子。筆者這裡也可以以齊澤克的方式做個互文指涉：在 Joel
Schumacher 導演的 *Batman Forever*（《蝙蝠俠3》，1995年）這部
電影：沒有穿蝙蝠俠衣服的布魯斯進入他愛慕的心理醫生的診
療室的時候，在牆壁上看到一幅畫，心理醫生也偷偷地愛著布
魯斯與蝙蝠俠，只是她還不知道這兩個是同一個人。蝙蝠俠看
了這幅畫說：「你怎麼會在這裡掛蝙蝠的畫？」，她回答：

---

[17] 筆者與張之豪的對話，同前。

[18] 見《Sina新聞中心》，2008年11月6日：http://news.sina.com.cn/c/
p/2008-11-06/161716602288.shtml。

「任何人都可以在這幅畫看到他想看的」；蝙蝠俠的身分差一點曝光：他看到的是著名 rorshach-test 的其中一幅畫。兩幅畫都能夠表示他人的認知。陈云林送這一幅有什麼意義，筆者也無從得知，但值得研究的是各個黨派怎麼詮釋。另外一個例子就是詮釋過去辜汪會談時，兩方交換禮物。新加坡的《環球時事》網站於2005年汪道涵逝世時的特別報導中，提到中國坊間的一個說法：

> 有一年，汪道涵以竹筒爲禮相送，旁人不得其解，辜振甫卻一目瞭然：此爲盛筷子所用，"筷筒"即"快統"之義。他也回贈一竹制筆筒，意取"必統"之諧音。這種中國士大夫式的儒雅交往，給處於冷凍的兩岸關係增添了一份暖意。[19]

當臺灣政界與媒體在想馬英九與陈云林見面時，會如何稱呼對方時（陈云林稱呼對方「馬總統」是不可能的），兩方決定提早會面。見面時馬總統多次稱呼對方「陳會長」；但「陳會長」沉默而不回應；送這幅畫時則説「我送給（…兩秒

---

19 見〈汪道涵病逝　兩岸事務 胡錦濤曾請益〉，《環球時事》，2005年12月25日：http://www.stnn.cc:82/global/china/t20051225-103628.html。筆者於2011年8月09日瀏覽。

鐘⋯）你！」[20] 這有可能是臺灣政治史中最常被討論的現場直播的兩秒空白！

　　馬總統絕對是不必替中方的態度負責。不過據媒體的報導，當時擔任國民黨主席的吳伯雄已經跟中方達成一個共識：兩方會稱呼對方「馬先生」跟「陳先生」。[21] 這是否顯示國民黨已經接受了跟一個不承認馬總統官方稱謂的對岸中國談判？這可以給羅智強所描述的政策提供一個例子，也就是説「繞過主權」這個政策。從一個角度來看，這個政策就是務實主義：它的目的就是在跟中國談判時，願意把分歧議題放在旁邊。從另一個角度，剛好相反，務實主義就是承認在這個不被承認的特殊的國與國關係裡，兩國之中有一個是不承認他國的主權與主體性。所以甚麼是務實主義？兩邊也有完全不同的詮釋，而這一個兩邊不只是臺方與中方，也是藍營跟綠營。在臺灣的政治裡，兩邊一直在為已對稱的論點而吵架，好像兩邊都是「真正愛臺灣的」，「真正愛民主的」，「真正的願意護衛臺灣主權的」以及「真正務實的」。整個問題的核心就是經濟跟國家認同的對立（Chow, 2012），反對臺灣民族主義的對方一直覺得綠營把認同這個議題放在優先，不過對方也不一定只

---

20 見《中天新聞》，2008年11月6日：http://www.youtube.com/watch?v=dGB3ceUSuU8。筆者於2011年8月09日瀏覽。

21 〈馬陳會　險破局　卡在稱謂 前晚敲定十分鐘版〉，《聯合報》，2008年11月7日，A3版。

是考慮地緣政治以及經濟方面的因素來正當化向中國開放貿易；特別向中國開門這個選擇，跟國民黨的中國感情也是有關係的。所以兩邊其實都在結合經濟跟認同這兩個常常相反的目標。2011年7月18日在臺北舉辦的「第二屆兩岸競爭力論壇」中，臺灣陸委會副主委趙建民在許多中國主辦單位的代表面前講過[22]，「現在的台灣，個人的競爭力持續上升，但整體社會競爭力卻在下降，關鍵是兩岸關係，也就是過去從後李登輝時代開始，太強調政治認同，把台灣的發展優先順序錯置，政治認同擺第一，凌駕在經濟和其他的發展之上，嚴重打擊到台灣的競爭力」[23]。這段發言不止是對臺灣參與者所說，在場的中國協辦單位也很多。本文會討論回朝的國民黨是否真正把政治認同這個議題放在最後？

---

22 據「台灣競爭力論壇」於2011年7月18日的新聞稿指出，共同參與主辦與協辦的臺灣與中國的單位共有「台灣競爭力論壇、中華經濟研究院、台灣綜合研究院與中國區域經濟學會、全國經濟綜合競爭力研究中心、中國企業評價協會、福建省人民政府發展研究中心、廈門大學、福建師范大學共同主辦，台灣民主基金會、財團法人保險安定基金、遠雄文教基金會、華南金控、富邦金控、中華民國會計師公會全國聯合會、中華金融人員暨投資人協會、中華民國全國商業總會、KPMG安侯建業聯合會計師事務所、旺報、精誠資訊、台灣商報、新北市議員李翁月娥辦公室、國務院發展研究中心管理世界雜誌社、中国社会科学院经济研究院、福建社会科学院、福建东南竞争力研究院、福建海峡经济研究院」。出處：http://www.tcf.tw/index.php?option=com_content&task=view&id=2750。

23 〈社評－認真看待香蕉採購政治爭議〉，《中國時報》，2011年7月18日。

「中華民國當然是主權獨立的國家」

　　馬總統與國民黨慢慢發現了必須展開一場宣傳工作來挽救他漸失的形象。行政院陸委會開始播放一種美式三十秒鐘的電視與網路上的廣告短片，第一個廣告叫做〈兩岸交流，主權鞏固〉，2009年的11月起在各大戲院，在電影開始前播出。[24] 自從1995年1月10日後，臺北電影協會停止了在播放電影之前放三民主義的宣傳短片後[25]，觀眾已經不習慣看到這種宣傳短片，當時的三民主義宣傳短片，跟這個兩岸交流鞏固的短片，有其共同點，雖然沒有三民主義的國歌，但是一樣不只是看到總統，以及臺灣的大自然與經濟發展，與任何臺灣可以引以為榮的事物。另外一個也是陸委會編的短片叫做〈捍衛國家主權—國旗篇〉，強調國旗，馬總統一樣也是在講「當然中華民國是個主權獨立的國家」這句話，而且在這個短片裡，中華民國國旗處處可見：在聚焦的、散焦的、小的、大的、清晰的、模糊的都有；有趣的是，臺灣的籃球、棒球都很重要，且誰都知道與臺灣族群有甚麼關係，但這段短片從頭到尾只見籃球，他冒了會給人在省籍上有解讀空間的風險。[26] 這個「國旗

---

24 見陸委會網站影音區：http://www.mac.gov.tw/lp.asp?ctNode=6217&CtUnit=4376&BaseDSD=7&mp=1筆者於2011年6月10日瀏覽。

25 http://media.mac.gov.tw/981124.wmv。

26 見陸委會網站：http://media.mac.gov.tw/991112.wmv，筆者於2011年6月10日瀏覽。

篇」於2010年11月問世：

筆者於陸委會宣傳短片〈捍衛國家主權─國旗篇〉中翻攝

為了加強調這個宣傳工作，政府其實還做了不少其他的短片，比如其中一個有陸委會主委賴幸媛現身說法來強調「門打開」時，她會「顧厝」（2009年4月）[27]。另一則有財神爺，最近幾年被關在門外不得進來的。陸委會要一個白種人來演財神爺，不過其他的主要環境是很傳統的閩式建築或文化，為甚麼呢？是否為了表示「向中國開門就為帶來歐美商人」，或「不止是向中國開門而是向全世界開門」，以這兩種方式來呼籲臺灣人支持這個新的政策？[28]再來政府也開始做平面媒體的廣告，下列是個好例子，同樣地，國旗也是核心議題：「國旗原在哪裡 就在哪裡」：

---

27 *Idem,* http://media.mac.gov.tw/9804091.wmv, idem。
28 此想法是筆者跟研究助理張之豪討論出的，真感謝他給我參考的資料。

〈門打開，阮顧厝〉
圖片由筆者在《中國時報》2010年12月16日頁A1拍攝。

　　就像電視、電影、網路上的短片中，這則廣告裡也有馬總統的照片、國旗、還有籃球選手：「兩岸經貿交流的過程中，國家主權不容損傷，只有更加鞏固」。這則廣告又沒見到棒球選手；這會讓我們想到最近幾年來，綠營的候選人與活動屢次使用棒球意象來代表臺灣意識，呼籲選民支持民進黨候選人，比如2002年李應元選臺北市長時的宣傳廣告，以棒球的「第九局」之「逆轉勝」這個口號、還有2004～08年間扁政府推動公投，也使用投手「投」球的意象，最後，2008年謝長廷的總統競選也延用了「逆轉勝」這個棒球球場術語。[29]

　　回到馬政府的宣傳工作。因為中華民國在國際舞臺上常不會被承認的事實，所以總統府以及外交部常必須重申中華民國

---

[29] *Ibid.*

是主權獨立的國家。但在這一系列的短片與廣告中，總統對準國內的公民喊話，但中華民國的公民不是比中國領導人、世界衛生組織的官員、還是聯合國秘書長都更清楚中華民國的主權嗎？再加上馬總統是以一個全民直接投票選出的領袖，一個任期只有四年，所以說務實地來說，這樣的一個領導人，可以有這個想法，甚至有這個能力來損害這個國家的主權嗎？筆者覺得，這種廣告的存在，透露出一個問題：若不是泛政治化的認知，那就是正在進行的政治議程，也許，兩者皆是。

　　國民黨政治議程裡的長期目標就是兩岸統一。2008年前的十幾年，臺灣政府深化了臺灣化運動。中國還是保留它對臺灣的收復失地民族主義的立場，而該國的3、4代領導人比以往對臺灣更緊迫施壓，表示希望兩岸政治的談判不會永遠拖延下去。在這個情況之下，為甚麼「親中不反統」的國民黨不希望在一切都太遲之前，解開這個死結？在國民黨的眼中，中國越來越強，現在臺灣還有轉圜的餘地，但可能有一天就沒有了。所以在這個歷史性的時刻，要利用它所看到的中國對臺灣的友善立場，而且因為以後民進黨可能要再執政，所以要盡速推展這個議程。在野黨把中國的崛起與對臺的政策抱以相反的詮釋，中國只是在表面上對臺灣表示友善，就如2011年5月關於世界衛生組織的密件中指示臺灣實際上為「中國台灣省」。在野黨很可能會覺得國民黨押上中國的未來為賭注，甚

至是很天真的。但從另外一個角度，國民黨，不管它對中國有甚麼感情因素，為了與民進黨在臺灣的選舉政治裡劃分界線，它以為並沒有其他的選擇；在臺灣的未來這個議題上，它認為只能強調向中國靠攏的政策方向，否則它在這方面要怎麼樣與民進黨或90年代李登輝的國民黨做出區隔？如上所述，另一個核心問題，就是如果國民黨要在這個議程上有所進展，它會如何詮釋與面對公民社會對其「親中不反統」政策的質疑，以及如何保持不過度傾中以確保連任的可能性？

面對中國復興

比較兩個不同的時代很難，因為行動者、利害關係、價值與脈絡很不一樣。如果我們不做一個可靠的比較來指出共同點跟差別一樣多，那就可能會覺得十七世紀末的鄭氏政體的衰敗會如同一個來自過去的警訊，促使我們思考：臺灣二十一世紀初的國民黨的「親中不反統」政策是否在不同的時代，以及不同的推動者的領導之下，正重覆同一個地緣政治的邏輯與議程？之前國民黨把共产党視為它的敵人，直到1991年才承認了它的統治權，但還沒承認它成立的中华人民共和国的主權（除非我們認為李登輝執政時，陸委會主委張京育提到過的

「主權共享，治權分屬」已經有這個想法，不過當時，此說法並沒變成官方的），但是最近幾年國民黨大幅度地更改對共產黨的政策，特別是2005年4月起，國民黨「榮譽主席」連戰參訪中國之旅，這是50年來國民黨黨主席第一次回中國大陸，共產黨以禮相待。[30] 兩岸媒體都高度關注連戰於2005年4月的中國行，在網路上的眾多新聞畫面中，最著名的莫過於「連爺爺，您终于回来啦！」的橋段。這是連戰西安的「母校」后宰门小学的小學生為歡迎連戰所做的朗誦表演。中國民間人士關於維基百科所寫的條目，與民族主義論述有所差異地認為這種接待法「大家都认为是极度做作的表現」，也引用龍應台說這讓她想到戒嚴時代的臺灣；此條目的共同作者並認為：「连战本人在当场欣赏演出时，做出微笑、同时强忍住笑出声来的姿态。此举既可视作连战当时相当尴尬，亦可视作是忍俊不禁」，同一條目中也紀錄下當時準備去大陸的宋楚瑜特別交代不要安排類似的節目。[31]

幾個禮拜後，宋楚瑜也去了，但是宋楚瑜訪問大陸之前，雖然與陳總統見面，但是後來綠營認為他違反了跟陳總統所達成的十點共識。[32] 所以連宋兩人都被綠營批判了，特別是

30 見 http://www.youtube.com/watch?v=8SiM97SO-lA。

31 見維基百科〈爷爷您回来了〉；筆者於2011年8月1日瀏覽。

32 據中央社的報導，時任民進黨立法院黨團幹事長賴清德表示綠營的 *mixed feelings*：一方面認為「宋楚瑜演講中未傳達台灣民主成就、台

因為他們去訪問中國所選的時間剛好就是中國全国人民代表大会通過＜反分裂国家法＞的幾個禮拜後。綠營也批評了「連胡會」後的「國共論壇」的共識，說它不能在境外與共产党決定臺灣的將來，連戰回答說他達到的共識是基於之前陳總統試著跟中國達到的共識而來。

連宋兩人很知道他們在當地講的話很可能會被紅藍綠三方利用，因而很詳細地區分個人、黨籍以及官方的身分的發言。兩邊都很清楚地提到他們認同中華文化、支持兩岸統一、反對臺獨；他們也爭取誰才是這場兩岸和解大戲中扮演著最關鍵的主角。反對與中國統一的綠營很不滿意，但連宋講的只表示大家已經都知道是他們固有的立場與政治價值。跟1683年鄭氏衰敗時，鄭克塽簽署的投降表的內容有共同點也有差別：鄭克塽與連宋都認同中華文化以及把「一體」（鄭）或「統一」（連、宋）視為是共享價值觀的準則，但（好像）連宋並沒有向當時的鄭氏投降者一般讚美中國。他們可能想，也認為中國是世界的將來，但他們也知道這麼做就一定會讓大家

認為他們把臺灣賣給中國。

　　所以不能把他們視為殖民地的兩個精英到殖民母國的中心去取悅殖民主人，讓主人聽他想聽的話而已。我們不清楚究竟誰從中獲利；不過從臺灣的老百姓來看，這兩個時代的細節的差異不一定容易被看到。回到臺灣，宋營與連營在爭取誰在大陸有最多的影響力。這個問題是否顯示他們把臺灣只視為中國這個中心的邊緣？本書則會試著把臺灣的「邊緣性」（*marginality*）這個認知替換為另一個概念：臺灣的「閾境性」（*liminality*）。

　　臺灣獨立和臺灣與中國統一，是臺灣民主辯論裡的兩個在鬥爭的可能選項。因為臺灣的政治辯論仍是自由的，兩者做為政治選項的可能性都是有正當性的：任何臺灣的政黨或軍官到海外與任的政黨、國家、國際政府組織或者軍隊「共同壓制臺灣獨立」，就是跨越底線，因為臺獨是臺灣民主體制裡的許多民眾所支持的，即使2009年12月吳敦義，以行政院院長的身分，曾經形容過他們為「白癡」。國民黨雖然不喜歡，但還一定要容忍與接受，相反地，便是跟戒嚴時代的心態一模一樣的。連戰在北大的那五個字「聯共制臺獨」就是跨越底線。傾統與傾獨的兩邊，有剛好相反的世界觀，這是好的例子：連戰去北京的時候，知道他會被批判，但是當他自我辯解的時候所給的解釋，更會讓批判他的人不滿意。他說：「我這一次到大

陸來訪問（⋯）有若干的人（⋯）有一種批判（⋯）認為我到這裡來（⋯）我的目的是要『聯共制台』。但是，現在那個『台』下面還有個『獨』字」。[33] 這跟戒嚴思想有甚麼不一樣？這不就是以封建的政治文化來消滅異議的想法？這不是跟像聯合國這種組織一起做的，而是跟一個繼續壓制自己人民的一個政府，這是不是很讓人錯愕？

自從國民黨回朝之後，兩岸政府所簽署一系列的合約，開啓了一個新的歷史時刻，1680年代末與2010年代初，兩個年代的歷史情境與脈絡不完全一樣，但從宏觀的地緣政治觀之，臺灣政府對復興中的中國的迴向可以讓我們做謹慎的比較。當前兩岸關係的進展與演變的模式跟十七世紀末相較，在某些方面蠻像的：兩個情況都有正當性與主權的競爭與相互否認（然後當前馬政府改為「互不承認」）、備戰競賽、權力平衡的改變、恩威並濟、區域或全球戰略環境的改變，以及最後一個重要原因，也就是國民黨面對復興中的中國的猶豫不定：一方面「中國國民黨」保留它原有對中國的情懷，來自國民黨的中國根，也就是 Clifford Geertz 所描述的「有一種難以形容的，無法抗拒的，壓倒的強迫性」認同特質的好例子（Geertz, 1963:109）[34]；這個「血濃於水」的想法是兩邊對憧憬統一的

---

33 見〈連戰北大演講全文〉，《聯合晚報》，2005年4月29日，6版。
34 即第三章，註20，見p.163頁。

人的共識，像宋楚瑜訪問中國時，有群歡迎他的人就曾高舉布條寫道「家和萬事興」這個例子。另外一方面，國民黨也必須保護臺灣的獨立身分，因為臺灣的任何執政黨都是透過臺灣全體的民眾以民主投票而選出來的，所以任何政府不能自我放棄中華民國主權。如果臺灣與中國走著十七世紀末第一次臺海危機結束的模式的這個方向，我們可以預測將來中國如果保有它對臺灣與世界現在的影響力，到時有可能會要求它自從1949年以來最想得到的，不只是臺灣的「回歸」，而是「中華民國」這四個字正式地停止存在（*cease to exist*）：中國政府越否定中華民國的存在，就越顯露事實上就是存在的，否則國民黨根本不會想對中國要有「繞過主權」這個政策。一旦中國已達到這個目的，我們可以評估北京可能對臺灣會有蠻彈性的政策（雖然西藏等例子也許顯示出另一個可能性，不過臺灣的情況又不一樣），如1979年全国人大常委会的〈告台湾同胞书〉裡面提議的將來兩邊統一之後臺灣可以保留自由、法律體制、軍隊等等。事實上，1982年邓小平與其他的領導人開始談「一国兩制」這個觀念，但它是臺灣方面無法接受的，因為中华人民共和国在這個模式裡面並不承認兩國的主權平等身份；但如果我們以中华人民共和国的角度來看，也就是帝國核心看它的邊緣的視野，如果我們知道它很難承認中華民國1949年之後的倖存，我們便以理解北京在「一国兩制」這個模式是盡力地發明

了一個在它自身可給予的條件裡（*self-imposed constraint*）最「寬厚」的模式了。所以，除非為了追求統一，兩邊都放棄主權以改國號變成一個中華聯邦。除非中华人民共和国這個國號與這個政治體制一樣也停止存在；除非兩邊以平等的身分建立一個新國家，臺灣的利益與主權並不會真正的被考慮在內。任何來自臺灣的政治人物若不願意在中國講清楚這一點，很可能會在臺灣冒上被指控為危害主權的風險。

「繞過主權問題」

自從雙方已經清楚要簽署ECFA的時候，臺灣公民社會有各種各類的反應，也有很多人呼籲政府讓國會或民眾以直接或間接的方式來進行審查。事實上，目的並不止是審查，也是認可這個協議。但是中華民國憲法第58條給境外合約一個不清楚的身分，因為它不正式強迫政府追求國民大會（現在該責屬立法院）的認可：「行政院院長，各部會首長，須將應行提出於立法院之法律案，預算案，戒嚴案，大赦案，宣戰案，媾和案，條約案及其他重要事項，或涉及各部會共同關係之事項，提出於行政院會議議決之」。清楚地「提出」不等於是「認可」，但至少政府必須通知立法院以及傳達給立院過

目，這個條件有被達到 。

看政府的決定，2008年後被簽署的協議，其中有的是「自動生效」，其他的則送至立法院進行「強制信任投票」（法文為 « vote bloqué »）：基於合約是與他國談判的本質，也基於它們不是立法院自己制定的法律，所以立法委員只能認可整個合約，或者否決，不能逐條審查。這是一般的法律過程；雖然國會沒有辦法討論內容，至少這條合約的身份是清楚的：如果通過就會變成國內法。如果否決就不能實行了，〈臺灣地區與大陸地區人民關係條例〉也是這麼規定。這個條例也是一樣規定政府要把每個與「大陸地區」簽署的協議讓立法院以強制信任投票來認可或否決。在這個具體的事例裡，國民兩黨有討論過是否以強制信任投票認可，但是民進黨不接受這個強制信任投票性的方式，因為它覺得全面否決或者直接認可這兩個可能性都不符合它的想法。

如果純粹就國會立法程序來看，政府在這方面的作法並沒有違憲，也沒有人可以怪罪不願意落入這個法律上的陷阱的民進黨。但是，這只是法律程序的角度而已，從其他的角度，包括法律效力，以及民主精神來看，這個作法是有問題的。臺聯黨提出一個公投案，被行政院否決了，但是臺聯已經蒐集了二十萬份聯署，比法定門檻還多出一倍。行政院否決公投案的原因並不清楚。既然ECFA不能獲得立法院的認可，行政院又

否決一個公投案，這表示ECFA所引起的社會情緒被忽略了。再加上如前所述的，ECFA並不能被視為只是技術上的協議而已，跟國家主權確實有關，所以不透過立法院，又不透過全民來認可它，這個從民主原則來看是不對的。

2009年12月「核四公投促進會」發出的傳單。圖片由筆者拍攝。

而且還有更嚴重的問題。因為ECFA是由非政府組織或半官方組織簽署的，而不是兩邊政府官方簽署的，它不透過國會的批准或人民公投的承認就能有法律效力，這值得討論。如果這個協議是中華民國及中华人民共和国的兩個經濟部正式談判與簽署，那可能雙方政府部門有正當性來這麼説，但是代表一個民主國家（中華民國）的半官方組織（海基會）只有這個正當性來談判兩邊要達到的目的，它簽署的合約本身不可能

回朝，退潮：「中間路線」的必要與困難 Chapter 2

「自動生效」。為了變成有法律效力，一定要把這個合約帶回國會裡，或者請人民以公投方式來認可它。筆者覺得根據民主理論，這在非民主政體的中华人民共和国可能不是個問題，但是在民主體制的中華民國就是有矛盾的。這是不是兩岸關係以及兩岸所有簽署過的合約在法律上的重要漏洞，很有可能。ECFA目前沒有合法或非法的問題；它很可能的核心問題，就是它在法律上仍不存在。[35]

回朝，退潮

此主權的議題越來越敏感其實有另外一個原因：就是馬政府正在慢慢的再中國化臺灣，兩此政策從馬總統的任期最早期開始。馬總統2008年就任不久之後，外交部發了一個公文，也

---

[35] 這就是為甚麼馬英九與國民黨在法律上的推論不但是不清楚，再加上兩者之間都有衝突。國民黨在立法院主張ECFA正是明確表示中華民國的主權。馬英九總統一再地避免提及主權也避免將ECFA定位為「條約」，這兩個看法之間不但有矛盾，再加上馬總統的立場非常非常地不清楚：ECFA不是「合約」，但是它是「比照條約」，可是又不是「準條約」。透過這些細膩又複雜的細節來說明ECFA，就像法文裡有一成語說「在水裡淹死魚」（noyer le poisson）：這個很難做到，也容易讓人很困惑。ECFA事實上確實跟主權有關，但又不是合約，因為海基會與海協會都是非官方的，再加上沒有通過正式的認可，沒有效力了。這個是整個兩岸關係在法律上的問題。

就是2008年的6月初，請所有的中華民國代表處把「訪台」換成「訪華」，來處理外國人訪問或移居臺灣，讓我們會想到過去那個時代，也就是說中華民國認為他是全中國唯一的合法政府，以及臺灣是它的一部份。當然，「中國」跟「中華」有所不同，這裡也是強調一個文化上的中國，但是這二十年的「中華民國的本土化」之後，這樣的決定是否顯示出馬政府對本土化的不肯定？這個決定被報導之後在立法院引起了一陣風波，最後外交部還是放棄了。[36] 這是本章的第二個主題，跟主權也是有關的，但他比較關注於本土化、臺灣化、去中國化、再中國化等想法，或者最近開始慢慢發展的新政策，也就是我們可能可以形容為一種「去臺灣化」的政策。

2010年9月在台北某個郵局裡的兩個信封袋。圖片由筆者拍攝。

---

36 見〈公文訪台改訪華外長喊卡〉，中國時報，2008年6月6日，頁A8。

　　接著幾個禮拜之後，多了一個有意義的、關於政治符號的改革：政府決定要把「臺灣郵政」這個「新」的名稱改回到之前的「中華郵政」。[37] 陳前總統決定改革時，藍營強烈批評說這個是浪費錢的「去中國化」政策；當時，很多國內國外的學者以及觀察者，很快地攻擊陳前總統，說他的政策確有基本教義派的面向，但是歷史教我們臺灣過去四百年，從荷治時期以來，每一波外來的政府都會選定政治以及認同有關的符號來影響人民的認同，這個是純粹的建國或者殖民政策的作法。當時批評阿扁的人忘了兩個點：一個是臺灣的郵局在清朝末期的時候的名稱已經就是「臺灣郵政」；再來則是，反對所謂的臺灣民族主義的政治勢力其實就是一個中國民族主義；兩個在對立，我們只能兩個都接受或者兩個都批評，但是不能兩個選一個，批評另外一個說：「這是民族主義啊！」。從政治學的角度來看，筆者覺得這個都是民族主義，也是歷史中一步一步的政治勢力用了政治符號，都值得研究。總而言之，臺灣的政府都好像認為他要讓人民產生一種全體認同，連在臺灣的信封上也要讓人把這個國家認同計畫弄個清楚：

---

37 見〈台灣郵政更名回中華郵政〉，自由時報，2008年8月2日，頁1。

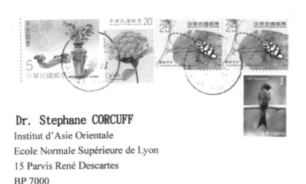

Dr. Stephane CORCUFF
Institut d'Asie Orientale
Ecole Normale Supérieure de Lyon
15 Parvis René Descartes
BP 7000
69342 Lyon Cedex France

同一張信封上出現有「中華民國郵票」以及「臺灣」名稱的郵票。
英文更多元：有*Republic of China*、*Republic of China*（*Taiwan*）以及
*Taiwan*三個說法。
逐漸展開的轉型還是兩個政治議程的競爭。圖片由筆者拍攝。

　　不久之後（筆者承認無法確定是什麼時候），外交部把他
的網站上寫的「中華民國（台灣）外交部」換成「中華民國外
交部」，也是把「台灣」這個字去掉。因為「中華民國在臺
灣」或者「中華民國臺灣」這種說法到現在還是政治上的說
法而未被寫入憲法做國號的調整，所以把台灣兩個字去掉就
是像國民黨所說的一樣依法行政。只是大家都知道，「憲法
上的國家」（*the constitutional country*）跟「法律上的國家」（*the
legal country*）已經不一樣了，還有跟「日常中的國家」（*the real
country*）差別更大。所以，綠營加「臺灣」這個詞如果只是非
正式的話（也就是為什麼臺灣這個字在括號裡面），那就不是

違法的，藍營把他去掉也不違法，但是兩邊這麼做都帶來政治上的含意：綠營自制的不要改變法律，但在他自身可給予的條件裡面就把臺灣這個日常中的國家浮現出來；藍營回朝後，也不必一定要把「台灣」這兩個字去掉，這麼做，也一定會讓很多人懷疑他們對這個本土化的現象的想法：

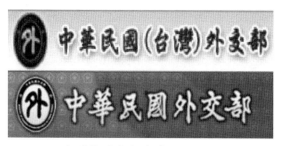

2008年前後外交部在其網站上的呈現
英文版保留Taiwan-二字，中文版則捨棄。圖片由筆者拍攝。

再來，政府在慢慢改變這些政治符號以及跟國家認同有關的符號的一路途中，學校課本2010年再一次變成改革項目。關於國文課，教育部2010年9月決定了開一個「中華文化基本教材課綱修訂小組」，把扁政府的教育部2004年停止使用的「中國文化基本教材」改了名字之後，決定102學年度再開始用。四書又變成課程裡面的必修課。[38] 四書是否符合當代臺灣的急切社會議題，值得商榷；但此決定也有行政程序上的問題。高

---

38 見《自由時報》，2009年2月9日，http://www.libertytimes.com.tw/2011/new/feb/9/today-life8.htm。

中課本的課程標準（課綱）有一個固定的改變程序，教育部必須請教育界的學者來審查必須做的修改；但據一位課綱委員，教育部高中科科長沒有讓課程綱要委員討論是否要進行這個改革，而決定要直接實行新政策。[39] 後來教育部中教司長張明文表示「這是教育部的重要政策，讓高中學生體認中華文化並培養倫理道德觀念」。[40] 2009年通過的新課程綱要隔年再次被修改，開始評估「臺灣史上溯三國」這個計畫，引起了課綱委員會最後把此計畫改稱「探討台澎早期歷史的文件紀錄」；[41] 100學年度高中一年級開始使用新的課程標準，把高中的歷史課從之前臺灣史佔1/4、中國史1/4、世界史2/4轉變成臺灣史1/4、中國史1.5/4、世界史1.5/4。中國當代史不會提及大躍進、文革以及六四；[42] 此改革讓民進黨立委管碧玲懷疑馬政府是否要「美化中國」。另外值得注意的是2011年2月總統府發的公文呼籲政府的各個部門把「中國」這個詞換成「中國大陸」或「大陸地區」。「回歸憲法」，因為總統府也

---

39 見師大附中老師林麗雲小姐在2011年1月8日的中國時報時論廣場登的〈課綱再翻修，我選擇退出〉，http://forum.chinatimes.com/default. aspx?g=posts&t=49053。

40 見《聯合報》，2011年2月12日，http://mag.udn.com/mag/campus/ storypage.jsp?fARTID=301208。

41 見《自由時報》，20011年5月11日，http://www.libertytimes.com. tw/2011/new/may/11/today-education1.htm#。

42 見《自由時報》，2011年2月25日，http://www.libertytimes.com. tw/2010/new/feb/25/today-t1.htm。

很清楚會有人反對，或者批評他說這個是去臺灣化的政策，所以總統府也順便解釋他為什麼這麼做，他正當化的論點是什麼呢？要「回歸憲法」。不管是「再中國化」或「回歸憲法」，「去臺灣化」或解構臺灣民族主義，這個決定看起來是跟之前在政治上承認過的中華民國「島性」有所背離。所謂的中華民國「島性」這個詞彙在臺灣沒被使用過，但是我用它來形容之前李前總統在1998年10月初所說的「中華民國就是臺灣，臺灣也就是中華民國」，不偏獨、不偏統的中立立場，就是一種「藍綠臺灣青」的看法。也是之前90年代初，一位中國學者所描述的臺灣民主過程不會讓兩邊最基本教義派的政治人物發展，只有中間路線的政治人物會有發展的空間。[43]

本文的第二個論點也是探索馬政府對中國以及本土化的新政策是否偏離了這個中間路線，像藍營一直說扁政府時期也有偏離這個中間路線。

「從中國到大陸」、「從台語到閩南語」、[44]「從臺灣郵政到中華郵政」……這些該怎麼樣形容？筆者前曾提及，這是兩個民族主義的循環而不是一個溫和的、務實的勢力（指藍

---

[43] 見〈總統府：不稱中國 回歸憲法〉《聯合晚報》，2011年2月8日，頁A4。

[44] 教育部2009年修改「九七課綱」時，開始把「臺語」換成「閩南語」，後來2011國立編譯館開始要求出版公司的臺語課本改稱閩南語課本，引起了民間團體的反對。見〈社團痛批／馬政府去臺灣化台語改稱閩南語〉《自由時報》，2011年5月24日頁1。

營）來反對民族主義的基本教義派的勢力（綠營）這麼簡單的
過程，也覺得藍營用「去中國化」這個詞來形容扁政府文化政
策是以反對臺灣民族主義的另外一個民族主義角度看事實而
已，而這個形容法是過度簡化；一樣馬政府的政策也不可能形
容為「去臺灣化」。這並不是因為它沒有去「解構」過去的一
個積極推動臺灣文化的政策，而是因為任何「去臺灣化」的政
策是不可能成功的，因為在臺灣的「臺灣文化」到處都可以看
到；就像臺灣的中華文化也一樣無孔不入，沒有任何的「去中
國化」政策可以成功，扁政府跟馬政府做的是在一個多元文化
的臺灣社會裡輪流地發展臺灣文化以及中華文化。「去」任何
的文化就是民主／族政治所想像的觀念，筆者覺得很可惜的
是，有些學者根本沒去進一步想這個問題，而直接用「去中國
化」或以後很可能會直接用「去臺灣化」這兩個詞彙來形容這
種並非恆久不變的認同政治。

　　馬總統上台之後追求的文化政策的確有不同的面向，不能
簡化為「回歸憲法」、「去臺灣化」、「再中國化」、「解構
臺灣化政策」⋯⋯或者有可能「再國民黨化」。其實這些面向
的元素是同時都有、同步都在進行的：

回憲法最嚴格詮釋： 「特殊的國與國關係」→「特殊的關係」…

再中國化： 納入「中國」→「中華」文化基本教材

高中教科書中擴大中國歷史比例

「來華」…

解構臺灣民族主義： 以臺灣名義加「入聯」合國

停止「返聯」運動

「臺語」→「閩南語」…

再國民黨化： 公共電視預算刪減與人事異動…

圖片由筆者拍攝。

中間路線的困難

　　本文前面的兩個重要點就是：一、主權這個議題在馬政府執政時期的政論；二、國民黨回朝之後對過去的積極推動臺灣化的政策的反應。下列第三點就是臺灣民主政治的矛盾：民主原則在理論上因為執政者是由全民投票而當選，會讓藍營和綠營以外的非中間路線選民有發表言論的自由，但卻沒什麼發展的空間，所以被選出來的執政者必須留在中間的地方來執政。但是另外一方面，因為他／她的那邊的選民以及政治人物溫和派、非溫和派的人都有，他／她必須團結他的政黨，也得聽到比較基本教義派的話。筆者認為，民主政治最典型的模式會顯示出兩大政黨在中間路線的輪流，執政時，偶而會被基本教義派影響了，但是到目前為止，基本上會留在中間這個空間，而中間也有兩個部分，在分界線的兩邊，意思就是兩邊並不是一樣的，但是民主政治有一定的最基本的公式。藍營綠營有所不同，李登輝時代的「中華民國就是臺灣，臺灣就是中華民國」或者「主權共享、治權分處」等想法跟馬總統時代的「互不承認主權，互不否認治權」有清楚的差別，馬總統的說法等於是否定1952年的「中日合約」在國際法上所做的決定：中華民國的主權自從1952年以來已經限於臺、澎、金、馬4個地區，即使國民黨一直都不承認此事實（見林，2008：頁49-

62）。但兩個都在這個中間路線的兩邊。中間路線以外的選擇都是改國號，宣布臺灣民國或是這類的，或者放棄中華民國追求積極統一，民主政治一定會把中間路線兩邊的差別放大：這部分又是認知的問題。

臺灣政治裡有一個三角關係，分別為認同政治、歷史的政治化和臺灣海峽地緣政治。在這樣的情況之下，臺灣認同政治裡被每一邊利用的論點總是遊走在激進（中國意識v.s.臺灣意識、統v.s.獨、與中國「交往」的方式等）與溫和（保持現狀、包容的民族主義、主權共識、累積的臺灣化或再中國化政策等）之間，認同政治常常在歷史裡面找尋證據來支撐某種論點以及其政治議程。再來，認同政治以及歷史的社會性或政治性利用也影響臺灣怎樣來處理兩岸關係；中國方面的人也很會動員歷史來正當化他們收復失地的民族主義以及動員人口。這一種三角關係呼籲地緣政治分析者、政治學家以及歷史學家一起研究兩岸關係，不能以單一的角度看待。

馬政府在進行的「親中不反統」政策是不能否認的：政治符號的改變、教科書的改革、用詞的再「正名化」以及跟中國簽署的一系列協議可以這麼證明這一點，而就像上文所說的，這有開啟了歷史性的新時刻，這些變化並讓人不得不擔心，國民黨怎樣保護臺灣主權以及維護臺灣認同？不過，如果民主政治強迫統治者留在中間界線的附近，馬英九探索現狀時

一樣也不能跨越界線。就如李陳前總統之前做過的（但往反方向），也都是在這個中間地帶的邊線裡；馬英九的現狀探索也一定會被許多因素限制，包括臺灣政治的一個重要原則，即任何的基本教義政策每過了四年就可以被全民推翻，除非臺灣人民經過了愚民政策，什麼都不能看清楚了。

　　不接受透過人民公投來認可ECFA，馬政府事實上清楚地繞過了公民社會。不過，不管是因為自己的信念或者選舉考量的可能性，馬總統都必須面對「事實的原則」，也就是 *the principle of reality*：中國正在變成超級大型的經濟強國，這給它逐漸增加的影響力來逼迫臺灣最終必須臣服。面對此事實的原則，也意味著重新闡述兩岸關係的本質時（比如，從李總統時代的「主權共享，治權分屬」以及「特殊的國與國的關係」到陳總統時代的「一邊一國」、到馬總統時代的「互不承認主權，互不否認治權」），必須留在中間地帶界線內。在2011年3月10日在海基會20週年慶祝大會以及5月30日在台北舉辦的一場國際法會議的兩個開幕詞裡，馬總統重新描述兩岸關係，向大家分享他自己的詮釋：他說兩岸關係不是「國與國的關係」，而是「特殊的關係」而已；中華民國與中华人民共和国「不會也不能」互相承認對方的主權，但兩方不應該否認對方的治權，這個就是所謂的「互不承認主權，互不否認治權」的新的官方詮釋。

　　就如李陳前總統執政時，兩位總統試著探索現狀以及往臺灣主體性的方向重新闡述兩岸關係時，一直都必須考慮憲法的條件，馬總統一樣試著往統一的方向再次重新闡述兩岸關係的時候，也必須留在憲法的條件內，只能逐步地做。不管綠營、藍營當家，如果要按照民主原則來做，兩營都會碰到同樣的問題，筆者在2008年撰寫一篇關於在臺灣政治辯論裡的不同種民族主義的文章裡，[45] 將此所描述為「憲制僵局」（*constitutional deadlock*）。這顯示出政治議程與憲法現實的衝突，也又一次指出臺灣民主過程一直邊緣化兩邊的基本教義派。就憲法條文來看，馬總統這一次重新闡述並未違憲，只是它又與「日常中的國家」有差別，再加上憲法目前不講兩國是一回事，但是兩邊不願意互相承認主權是另外一回事。馬總統說不能承認對方的主權，這等於是回到一個比較保守的詮釋，也就是拒絕兩國的事實、修憲的必要以及1952年「中日和約」。而且李陳前總統執政時沒有辦法修憲使兩國論成為憲法，這個是跟當時臺灣的地緣政治情況還有國內的立法院裡的席次多寡有關係：只要當時可以做，馬英九就不能說依照憲法不能把兩岸關係描述為「國與國」關係。李陳前總統試著縮小「憲法中的國家」與「日常中的國家」之間的距離，這是為了

---

45 因為筆者認為在臺灣有不同種的民族主義，也有中華民國民族主義，還有大中華民族主義。見 Corcuff, 2008, 頁1257－1260。

促進臺灣主體性甚至到臺灣的獨立身分，但不能公開承認；繼承這種情況的接班總統馬英九決定要回到憲法較嚴格的詮釋，相反的是為了再給臺灣將來可以以和平方式跟中國統一的可能性，但是一樣的也不能公開承認。

中國亦敵亦友

藉著「回歸憲法」的政策，馬英九表面上是溫和的。但是怎麼樣形容兩岸關係、再正名化現實，這些都是政治議程可以看到的一小部分而已，這是應讓媒體或公共辯論討論的。其他比較敏感的議題是在行政部門裡面，或兩岸半官方的機構之間談判的，這些不見得能夠看得到。另外也有非官方的人、機構、學者或智囊團一樣會越來越影響臺灣的政策，這些是媒體通常不知道的事。到目前為止，本文談了三個要點：第一、馬政府在公共辯論裡怎麼樣面對主權這個議題；第二、在公共辯論裡馬英九如何面對過去李、陳前總統主導的本土化運動產生的影響，以及討論他是不是正在進行一個有系統地解構臺灣民族主義的活動；本文有區分「解構臺灣民族主義」以及「去臺灣化」，認為去臺灣化是不可能的，解構臺灣民族主義則是很可能有的；第三、分析所謂的「中間地帶」、「中間路

線」、「憲制僵局」等觀念來反思臺灣民主化的過程中任何執政黨是否有可能可以離開一個中間、溫和的淺藍或淺綠的政策；筆者試著分清楚這三個問題的事實與每一件事情的政治化。第四點是思辨這種溫和路線是否只是理論上才會有的，還有臺灣是否像其他西方民主國家一樣已經變成形式性或名義上的民主體制（*ritualized, nominal democracy*）？換句話說，問題是我們所能看到的馬政府的國家政策是否只是表面上溫和而已，隱瞞一個比較直接的與中國談判的政策。筆者覺得一個正確的答案很可能是有意識形態的、會被泛政治化的，因為情況比較複雜；但是同時覺得馬政府就像德國學者 Frank Dikötter 最近所描述的在「玩火」，[46] 也擔心臺灣的民主體制已經進入危險的地帶。

前文提到：一、以憲法來看馬英九不願意把兩岸關係形容為「特殊的國與國的關係」，但在法律技術上是否認「中日和約」並未違憲；二、他在政治方面退一步了，放棄前兩任總統的努力縮小「憲法中的國家」與「日常中的國家」之間的距離；三、擔心全民公投會否決 ECFA 的馬政府繞過了公民社會以及否定主權在民這個原則；四、馬英九否認現實：「兩國論」沒有被憲法化的原因並非因為事實上沒有兩個國家，而只

---

46 見 "If the truth were known", http://www.taipeitimes.com/News/feat/print/2010/12/12/2003490723。

是因為政治上李陳前總統無法在這方面修改憲法；馬英九以嚴格的憲法詮釋來正當化他的決定。

　　藍營深信務實主義以及現實的原則有另外一種詮釋方法，也就是中國正在變成世界強國的這個不可否認的事實，呼籲臺灣任何的執政黨趕快設法想出相應的政策來適應並從中獲利，覺得民進黨的政策是不務實的，因為一個收復失地、民族主義的中國不可能會接受與一個「獨立的臺灣」保持「友善」的關係，也就是像綠營「在作夢」一樣。臺灣的政治很複雜的原因是因為也沒有辦法確定這個想法是對的：藍營的政策並沒有比其他政黨「務實」，它跟民進黨的政策一樣也是對未來做一個賭注。從另外一個的角度來看，藍營的看法同樣非常天真，因為誰都知道中國在可見的將來不可能會放棄它核心的目的，也就是收復臺灣，而收復臺灣等於是「中華民國」這個政治體制一定要消失，所以國民黨的務實主義真的是符合現實的嗎？其實問題的核心不見得在這點：國民黨內很多人有可能非常清楚中國的收復主義、也知道它正在做的只是一種賭注，但是兩種賭注之間它比較偏好它所選擇的，因為一開始它就是偏向統一的，一直保留著對中國的感情，很難隱藏它對將來中華世界的興奮。我做的不見得會說，我說的不見得是真的，民主政治在很多國家就是這樣戴著面具：多年前筆者想寫這本書的時候，有想過將書名命名為「演戲與面具」。每邊都

覺得它才是務實的，但說實話，哪種態度才是務實的，很難說；而且辯論的時候，很多論點是後來才提出來正當化一個不敢說出口的議程：統一或臺獨。與一個一直強烈否認臺灣主權的中國交往，也是必要但又危險的政策，讓人懷疑是否有成功的機會。相反的政策也不簡單，臺灣也不可能單獨地圍堵中國，但是不是因為中國不能永遠接受臺灣海峽的現狀而要讓它更快的達到目的嗎？從這個角度，李總統時代、陳總統時代、馬總統時代的情況沒有顯著的改變。改變的因素就是民進黨現在走最接近中間界線的路線，以及國民黨已經清楚地選擇了與中國談判（*negotiation*），甚至到合作（*cooperation*），正值美國政府對華政策逐漸地改變為緩和（*appeasement*）的時刻。[47]這種新政策引起兩種不同的詮釋，比如在華盛頓政府裡面，有個學派認為臺灣跟中國說「你不承認我的主權，我就不跟你講話」，這種態度不會帶來任何利益，只會激怒中國；另外一個學派說臺灣向中國說它想聽的就會擴大臺灣的弱點。美國政府對此的看法也是分裂分歧的，因為一方面不希望兩邊繼續爭執，另一方面則是考慮到如果臺灣跟中國有太親密的關係，很多產業與軍事的獨家技術會不會因此洩漏。難怪臺灣現在對中

---

[47] 見 Gordon C. Chang（章家敦），"Biden Goes to Beijing", Forbes, Aug. 14,2011,http://www.forbes.com/sites/gordonchang/2011/08/14/biden-goes-to-beijing/。

國的政策如此模稜兩可，怪不得美國觀察亞洲跟地緣政治的分析家與學者之間，在2011年初對於臺灣跟美國的關係開始有公開的爭議，從 Glaser 在 *Foreign Affairs* 期刊的一篇文章公開呼籲美國政府要放棄臺灣，而開始的爭論。[48] 後來引起許多學者的回應，像邁阿密大學教授金德芳（June Teufel Dreyer）[49] 或喬治·華盛頓大學教授沙特（Robert Sutter）。[50]

　　馬總統絕不是把臺灣賣給中國，如同陳水扁從來沒有當過藍營所描述的基本教義派。為什麼藍營對他有這麼強烈的態度呢？貪污不是原因，因為那是卸任後才爆發的，國民黨也長期貪污，而且很嚴重；陳水扁一當總統國民黨就試著罷免他，這麼嚴重的事情，顯示出國民黨憎恨一個之前被殖民過的民眾的代表，突然有權力坦然地表達他們的世界觀，以及也有統治臺灣的正當性；其實，民進黨多次呼籲來自大陸的少數人民進入

---

48 見 Charles Glaser 的 "Will China's Rise lead to War?" 於*Foreign Affairs* 雜誌，2011年3-4月期http://www.foreignaffairs.com/articles/67479/charles-glaser/will-chinas-rise-lead-to-war，以及許多的反對http://www.taipeitimes.com/News/editorials/archives/2011/03/04/2003497298，或http://www.taipeitimes.com/News/editorials/archives/2011/03/07/2003497553, or http://the-diplomat.com/2011/03/07/getting-real-about-taiwan/。

49 美國眾議院外交委員會2011年6月16日之證詞，全文紀錄，題為〈Why Taiwan Matters?〉可見網站 Institute for Foreign Policy Research: http://www.fpri.org/transcripts/testimony.20110616.dreyer.taiwan.pdf。

50 見〈Taiwan's freedom of action in danger〉, *Taipei Times,* Aug. 5, 2011, http://www.taipeitimes.com/News/taiwan/archives/2011/08/05/2003509990

回朝，退潮：「中間路線」的必要與困難 *Chapter* **2**

101

它的新的、包容的建國運動，但國民黨則把此運動視為另外一個建國計畫，跟中華民國民族主義有衝突，所以無法接受，也一直把綠營描述為有排他性的民族主義的政黨。除了一段很短的歷史時刻，也就是李登輝領導的國民黨跟當時的民進黨在1997年時共同建立了所謂的「大和解」之外，兩邊都一直在抹黑對方，不想承認中間界線的兩邊有多大的淺綠、淺藍可以共同努力的空間。

明顯的是馬總統在臺灣認同政治裡總是遊走在泛藍的激進與溫和派之間，就像陳前總統一樣也很技巧性地遊走在泛綠激進跟溫和派系之間。用這個有三個部分的分析架構（必須留在中間地帶裡，但也必須聆聽自己陣營裡每一邊的看法，還有隱瞞一個不能公開表述但大家都知道的目的），就反思馬英九的「親中不反統」以及「解構臺灣民族主義」的政策，是不是可以形容為接替李陳前總統推動臺灣化運動這個漲潮之後的退潮，還是留在臺灣民主體制的中間地帶？還是相反，馬總統的親中政策是否開啓臺灣海峽的歷史性改變，也是開啓一個最終會消滅臺灣獨立的身分以及中華民國這個主權限於臺、澎、金、馬獨立的國家的過程？國民黨的新海峽政策，如果它真的是跟中國交往，那就是一個風險頗高的賭注。因為上述所說的原因：自從1949年以來，中华人民共和国一直都否定倖存的中華民國，而且它不可能跟中華民國簽署和平條約，因為這種合

約等於是承認中華民國的主權。柏林圍牆倒塌之前，被共產主義政府統治的東歐人民用很多笑話來表達他們的無力感與沒有希望，在苦中作樂；最近聽到一個臺灣朋友告訴我一個笑話，使我想到這個時代。他跟我說：

「李登輝與馬英九其實很像，李登輝說追求統一的時候，沒有人相信。馬英九說我們不會統一的時候，也沒有人相信！」

溫和的另一面

雖然本文用了不少篇幅分析馬總統的親中政策之後，筆者最後想說的是，總統的角色與信念可能已經不是最重要的問題。中華民國的總統只能決定國家政策。政府、總統府還有各個行政部門，在許多年的時間，包括李總統時代、陳總統時代、以及馬總統時代都沒有辦法避免高級國民黨黨員與退伍的軍官去中國做買賣、「交換意見」、甚至將機密敏感文件傳給對岸。1997年，也就是解嚴後十年，曾任本國立法院院長的梁肅戎先生在上海開過一間法律顧問室。當時還是非法，但沒關係：只要透過他在舊金山的律師事務所就可以了。他之前當過

制定中華民國法律的立法委員，也是反對李登輝的「非主流派」的重要人物。他之前在中國大陸會見國家主席江澤民，但是到目前為止，還不曉得他是非正式特派或是透過非法管道見到江澤民。現在連國民黨「榮譽主席」都隨時可以跟中國的國家主席見面，不過在他們的眼裡很可能是有正當性的行為，甚至是可以避免戰爭的措施（2005年連戰與宋楚瑜訪問中國時就這麼認為）。不過，在法律方面仍是非法。一方面要依憲而治，但是另一方面國民黨高級黨員也可以自由地與中國大陸領導人談判，這的確是個矛盾，要全面性地依法而治，還是不要談「依法行政」。如果國民黨黨員可以自由地從事非法的活動，怪不得有些退伍的高級軍官還會去參加「中山·黃埔·兩岸情」這種會議，很開心地喝酒、表示「我們都是中國軍」。臺灣有些中國意識很強烈的人，明顯地會猶豫地支持一個已經本土化的、島嶼化的中華民國：這個卻是中國的地緣政策裡的一個極大的優勢。

《自由時報》於2011年6月27日登的文章，讓我們看到酒酣耳熱、眉開眼笑的退伍軍官的報導，會讓筆者想到大清國對明鄭東寧國末期所採取的政策。1678年，也就是鄭經去世三年前，一個前鄭軍官叛逃至清國，他向福建巡撫獻策，開一個像今日的「招待所」來正式地招降納叛、給他們一筆小錢、甚至有可能給他們「特別的」服務。他的想法是不要強迫他們剃頭

留辮，也可以讓他們回去臺灣。政策很清楚：就是跟東寧國的軍官以及士兵「交往」：他希望可以藉此分化鄭軍。隔年福建巡撫在漳洲開了所謂的「修來館」。到1681年時，修來館已經招待了千名以上的官員與一萬名以上的士兵。現在中华人民共和国對陳政府與馬政府的臺灣並沒有一個「修來館」，而是好幾種，最正確的是説，它有一個「修來館策略」，以各種各類的方式來拉攏與分化臺灣的官員、軍官、記者與公民社會：不止是輕鬆去大陸喝酒的黃埔軍官，而是青年學子也被邀請去參訪中國等例子。[51] 關於這個「新对台政策」其中的「两岸青年交流活动」，中國的国家主席胡锦涛為了紀念1979年〈告台湾同胞书〉的演講，通稱為「胡六点」中的第四點有説到：

> 「对于部分台湾同胞由于各种原因对祖国大陆缺乏了解甚至存在误解、对发展两岸关系持有疑虑，我们不仅愿意以最大的包容和耐心加以化解和疏导，而且愿意采取更加积极的措施让越来越多的台湾同胞在推动两岸关系和平发展中增进福祉。对于那些曾经主张过、从事过、追随过"台

---

51 耿曙、曾于蓁，〈中共邀訪台灣青年政策的政治影響〉，《問題與研究》，2010年9月，第49卷，第三期，頁29-52；筆者也訪問今年7月間到中國參加交流的30歲青年學者，一個第三代的外省人，他的感想是：我現在一點都不想和這些人統一。

独"的人，我们也热诚欢迎他们回到推动两岸
关系和平发展的正确方向上来。我们希望民进党
认清时势，停止"台独"分裂活动，不要再与全
民族的共同意愿背道而驰。只要民进党改变"台
独"分裂立场，我们愿意作出正面回应。」[52]

Red Star Over Taiwan?
此中國網站結合中華民國、中國國民黨、中国共产党以及
中华人民共和国的政治符號，但還是非常「紅色」的一個計畫。[53]

　　本文最重要的題目就是中間路線的可能性或理想性。如果
馬政府雖然在某些方面看起來是積極地傾中，在某些方面還留
在溫和的中間地帶裡，他絕對不能犧牲中華民國的主權。但是

---

52 見《人民網》2008年12月31日〈攜手推動兩岸關系和平发展　同心实
　　現中華民族伟大复兴──在纪念〈告台湾同胞书〉发表30周年座谈会
　　上的讲话〉，http://politics.people.com.cn/GB/1024/8611414.html。我這
　　裡又要感謝我的研究助理張文豪提供給我這個例子。

53 ttp://www.xhgmw.org/archive-55097.shtml. 筆者於2011年8月9日瀏覽。

本文問的一個問題也是到底總統有甚麼權力呢？如果馬英九先生，因為民主政治的邏輯以及他個人的信念，留在中間界線的藍邊，但是在政府裡、軍方、媒體、政黨、學術界，以及民間社會裡，有許多人可以替他把臺灣的主權賣掉。這是臺灣在後民族國家、中國「修來館策略」、藍營裡某些人盲目地傾中等因素的結果；筆者這裡不能不想到叶劍英元帥「叶九点」的第九點：

> 「统一祖国，人人有责。我们热诚欢迎台湾各族
> 人民、各界人士、民众团体通过各种渠道、采取
> 各种方式提供建议，公商国事」。

　　如果叶元帥活到現在，他一定會很高興！雖然國防部宣稱它從來都沒有核准臺灣軍方的人員，包括退伍軍官去訪問大陸，它卻承認這樣的接觸是經常發生。2011年2月9日少將羅賢哲的被捕，這是臺灣的弱點的又一樁例子：保護主權以及維持臺灣的自衛能力的困難。[54] 自從蔣介石1950年在臺北表示：「我們的中華民國去年年終，就隨著大陸淪陷，而已經滅亡了！我們都已經成了亡國之民，而還不自覺，豈不可痛？」中

---

54 見"Spy allegation deadly serious", http://www.taipeitimes.com/News/front/archives/2011/02/11/2003495595。

華民國在臺灣有「我們的國家何在」這個議題，但是過去敵我分界非常明確，可能在當代的世界沒有很多地方像現在有這樣子亦敵亦友的新界線，特別是在一個有「收復失地民族主義」[55] 的強國與萌芽中的新國家之間的關係上。有點像1991年從俄羅斯獨立出來的喬治亞共和國裡面少數親俄的人，很快就從喬治亞宣佈了阿布哈茲省與南奧塞梯亞省這兩省的獨立，不要與俄羅斯分離，因為喬治亞把俄羅斯視為敵國，也不承認阿、南兩省在宗教方面的獨特性。兩個省的獨立被俄羅斯承認了。最後於2008年，要求俄羅斯派兵支援他們，但他們的獨立身份一旦被保護了，就開始又把敵我界線重新再質疑：因為保護它們的強國對它們本身也可能會構成威脅。戰爭會把敵我界線劃得清楚，但隨著和平或緊張關係的和緩而會開始模糊，這是地緣政治史的一個常見到的現象。

　　目前臺灣在兩岸的夥伴繼續希望把「中華民國」這個國號有一天正式消滅。鄭經與鄭克塽兩人試圖與清廷談判保留一個承認大清國的宗主權的獨立東寧國，但每次都被清廷拒絕了。我們從歷史可以歸納出中國雖然在「一国两制」這個模式

---

55 對一位研究「價值觀的地緣政治」來說，「收復失地民族主義」抱持的觀點是，被分割的地區，由於曾是領土的一部份而必須義無反顧的回歸「祖國」，同時也拒絕承認目前地緣政治上的現狀是長期的且可被接受的。此外，收復失地民族主義政體更同時在國內的政治符號或教科書等，以及在與其他國家從事外交時等諸多場合，持續宣傳它所深信不疑、但卻於現實情況迥異的領土信仰。

下可以在臺灣政治制度等議題上面有彈性，但在名稱方面就不可能了，不能保留任何的國號，也等於是不能保留真正的主權。馬英九游走在藍營的激進以及溫和派之間，不能不考慮這一點。若真如此，為何馬政府執政的前三年與中國的關係進行地這麼快？我們可以想這股動力是否是來自他考慮到他要對中國歷史的貢獻：打開兩岸糾結、協助中華復興以及保全臺灣在這個光明的中國裡的重要位置的歷史偉人。第四年進行的比較慢，可能是跟選舉有關，但是我們可以希望是另外一個原因：過了三年這麼積極的發展，或許有必要先緩下腳步、切實地思考反省國家的利益在哪裡？

由中華民國陸委會的民調數據來看，我們可以充份地瞭解到臺灣人民對兩岸談判的看法。民調受訪者有四個選項：剛剛好、太快了、太慢了、或不知道。在馬英九先生當選總統的前夕，18.9%的人已經認為兩岸進展速度太快。到2010年4月，當馬政府因為選舉期間而減緩兩岸談判的腳步時，這個數字卻成長了一倍，到37.7%，這是非常大幅的成長（這份統計是由政治大學的選舉研究中心所做）。[56] 但更不幸地，這樣的結果似乎指出馬總統的兩岸政策在激化臺灣社會的兩極化。在下列圖表中，藍線（「太快」）和綠線（「太慢」）顯示出一個交叉效應。當兩者於2008年3月至8月時因為時勢變遷而彼此交錯

---

56 見陸委會http://www.mac.gov.tw/public/Attachment/131901697.gif。

後，兩者漸行漸遠，這個現象在接下來的四年間持續擴大。

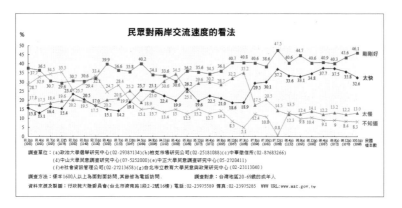

在過去，藍線與綠線之間交錯了數次，四個選項之間的高度的變化性的起伏顯示出，在馬英九先生上任總統以前，界線是模糊的：猶豫、困惑與經常的改變可以形容民意對李總統與陳總統的政策展現出的態度。這對一些不喜歡變化起伏的人來說也許是個負面的狀況。但至少，這四條線彼此之間的親近性顯示出臺灣社會中基本上仍然保持在一個中間地帶。在馬英九總統上任後，兩極化的現象似乎產生了，藍線與綠線在交錯之後，比較清楚地分歧延伸。過去模糊不清的民意現在被一個更清楚、但也更兩極化的民意所取代：認為馬政府走太快的數字在成長。

然而，我們應該謹慎地分析這個數據：認為進展還是「太慢」的民意會成長（代表他們會走向激進化），這會表

示強烈的兩極化，但剛好這個群體在減少，原因也許因為希望見到兩岸談判快速發展的民眾對他們所見的感到滿意。不過，統計數據告訴我們的又不是這個滿意度的增加。在馬先生就任總統前，認為兩岸進展「太慢」的人佔35.2%，並且，也許基於對馬總統兩岸政策的滿意，這個群體在馬總統任期的兩年半內，掉了19%（截至筆者寫作本書時，2010年12月是陸委會當時最新的民調）。這19%跑到哪裡去呢？如果他們的改變是自動與線性地從陳總統時期的「不滿意」轉到馬總統時期的「滿意」，那就表示「滿意」（也就是「剛剛好」這個選項）理當會同倍地成長。但我們所看到的是，這個成長卻只佔2.8%，而不是19%。所以剩下這16.2%的人究竟去哪裡了？他們是否加入了「不知道」的行列？也許部份是。但選了「不知道」選項的人數只增加了3.3%。結論很明顯：在陳水扁總統時期認為他進程「太慢」而表示「不滿意」的人，也對馬總統不滿意，認為他「走太快」：與2008年3月的統計相比，在2010年12月的統計中，約有12.9%的人，從認為兩岸進展「太慢」轉變為認為進展的速度「太快」了（19%-2.8%-3.3%=12.9%）。總歸來看，筆者可以確定地說35.8%的臺灣人民對兩岸關係的迅速發展不是持著正面態度的，而這不是毫無意義的。這也否定了陸委會在高喊「門打開，阮顧厝」的政宣

短片裡所宣稱的對臺灣新的大陸政策的「廣大支持」。[57] 事實上，「只有」43.6%的民意這麼認為——這當然不容忽視——但這個群體在馬總統任內只成長了非常、非常少的2.8%。筆者因此可以這麼結語：

——馬總統的政策很清楚地只讓少數對陳總統的兩岸政策所不滿的人轉為滿意；

——馬總統似乎失去了大部份這些理應會轉來支持他的、對陳總統兩岸政策不滿的民眾；

——認為馬總統兩岸政策「太快」的民意有很顯著的增加。

這個結果自然對馬總統的策略選擇有負面的影響。但更重要的是：如前所述，如果有一個兩極化現象，它並不在於兩線交叉之後的分歧延伸。但統計的分析卻顯示出馬總統執政之後還是有兩極化的趨向：表示「不滿意」與「滿意」的人數在趨近，一個在43.76%，另一個在35.8%。如果兩個答案都更趨向50%而非0%，再加上兩個選項所佔的%越接近，此情況顯示出民意就越兩極對立，因為回答兩種答案的人分別佔總人口的重要區塊，並且兩者的大小如果不是相同，至少是旗鼓相當的。這就是我們所面對的：並且其他意見（「不知道」與「太慢」）也逐漸沒有空間。把「太快」與「太慢」兩者加

---

57 陸委會影音區2009年4月9日〈捍衛國家主權〉宣傳短片，見http://media.mac.gov.tw/9804091.wmv。

起來，總數是79.4%；這正是我們所說的「兩極化」，而其它意見則被「邊緣化」。因此，筆者可以說，在認為兩岸進展「太慢」的人數成長緩慢，而認為進展「太快」的人數顯著的成長的情況下，馬先生在總統任內加深了社會在這個議題上的兩極，並將四個可能的選項集中為其中兩個。

外省人第二次政黨輪替前
的國家認同

永遠的「中介時期」？

3

臺灣是否中界或交界？本書的結論會討論什麼是台灣的閾境性，這種閾境性跟汪宏倫所描述的「中界狀況」有關。因此臺灣社會不同的族群都有可能處於在一種中介的地帶，比如臺灣的原住民族站在不同認同的中間：國民黨的中華民族式的國家、臺灣主體性式的一個多元文化的島國還有自己民族或部落的認同。臺灣的河洛人與客家人從許多方面也處在很複雜的中介地帶中，也值得研究。因為筆者的專業，此書選了作外省人的分析來表示臺灣人的中介地帶或時期，跟臺灣的閾境性有什麼關聯或因果關係。

外省人口的存在，更別說外省人「族群」，在臺灣社會裡逐漸成為備受爭議的議題。這些議題集中在難以定義誰是外省人、外省人的特徵或年輕一代對這個爭議的族群標幟的低度認同等。在臺灣社會中很多人持續使用「外省人」這個詞意味著人們可以讓我們觀察者認為外省人口至少是存在的社會現象。然而，要認定這個事實時（此事實為「外省人」的存在，也總是個被建構的事實），他人的認定（*ascription by others*）並沒有比自身的認定（*self-ascription*）客觀。那麼研究者在分析關於臺灣「外省人」的認同模式時要如何避免在使用此詞時把「外省人」的標籤本質化？對於任何一位要處理臺灣的「外省人」這個棘手議題的人，這個問題是非常重要的：如果真的能夠明確劃分，我們可以算「外省人」至少包含來自中國

的人，以及他們在臺灣出生、在一個特定的政治傳統與世界觀之下（戒嚴時期）成長的下一代；但有關此代的認同與標籤，或許主觀的認同，而非客觀的祖籍才是認定的因素。

到了陳水扁兩屆總統任期（2000-2008）的尾聲，爭論已經發展至質疑外省人這個議題在臺灣當代的政治是否還是切題的，而這並不是罕見的狀況。距離上一任外省人總統蔣經國逝世已經過了二十年的時間，從那時起，臺灣政府皆由臺灣人執政。筆者在學術研討會或私底下經常面臨外省籍臺灣人的質疑，他們當時表示懷疑「外省人」這個概念的適切性。他們對這個詞的感覺似乎是複雜的，因為這提醒他們在紛擾不安的臺灣政治認同脈絡下那個特殊的身分認同，一個原初的家庭或祖籍背景與特定的價值觀。[1] 至少，在國民黨於2008年重新執政之前，這是許多外省人的立場。從回到執政地位的意義來看，情勢的變動是需要另外寫一篇文章研究的主題：如果沒有外省人的自豪，至少有復甦的自信以及一個「去情結化」的認同（*une identification décomplexée*）：對這個稱呼已經不再有那麼複雜的感受。目前仍有明確的跡象顯示外省人此議題依然是個有正當性的研究主題。舉例來說，在政治圈裡仍然有許多二代外

---

[1] 這裡引用筆者之前的文章（Corcuff, 2000c: 268）提及的討論，筆者在1997年與新黨當時的黨主席王建煊訪談時提到外省人這個概念，他的回應是：「誰還會談論『外省人』與『本省人』？沒有『外省人』也沒有『本省人』。我們都是一樣的，都是中國人」。

省人的身影，特別在國民黨高層。不過，需要提醒讀者的是此章乃是根據2007年的資料彙整而成的，主要是為了研究在陳總統執政末期外省人在所謂的「綠色」政府執政下的反應，而非在馬英九執政時期下外省人的認同情況。

進入討論的主題之前，還須提及的是在可見的將來臺灣有可能會有來自中國的「新外省人」。假如我們考量目前臺灣海峽兩岸的政治關係，這個可能性並非只是臆測而已。而且已經有學者研究隨著近期經濟互動的發展來到臺灣的大陸人（Lu, 2008）。不過，截至目前為止，這些新「新住民」的人數還不是很多。未來，假如大量的中國人口移民來臺灣，過去與現在的認同議題關於人們從一塊大陸（這裡所指的當然是：中國，也是其傳統、文化、語言與自豪的核心）移到一座島嶼（臺灣，一個自從十七世紀末便經常偏離這個核心、中國史最晚期海洋開拓的邊疆）在將來又會再度出現。如果有臺灣國內與國外的人認為外省人不再是個存在的的議題，必須回應他們說，不只很重要，而且隨著時間演變會產生新的意義與影響。在這個意義上，假如有一天從大陸來的「新外省人」再度在這座島嶼定居，我們做過的關於外省人的研究將能協助了解可能會再發生的事。

前面已經提到定義誰是外省人是不容易的，但是這麼做還不足以避免把外省人這個概念本質化的錯誤。事實上，當在描

述任何社會「事實」時，一位作者杜撰或使用一個詞時，他也是在想像此事實。這麼做對我們所觀察的那敏感的、多元的並且在變動中的事實的確是一種符碼暴力：一定會把它簡化。為了盡可能避免這種錯誤，在筆者過去談論臺灣外省人的文章裡，[2]一直強調我只是以這個概念指涉為一種新的、被建構出來的族群分類（*ethnic* category），而不是一種「族群」或「族群」團體（*ethnic* group）（Corcuff, 2000a & 2000b）；也強調外省人這個標籤並非用用來標示一組擁有共同特徵的人口（*a population sharing common traits*）的符號，而是大多數在臺灣的人（包括外省人）拿來辨識一組擁有一些一致性的人口（*a population sharing some homogeneity*）之詞彙（*Ibidem* 2004），即使那群人在一些重要的議題上很明確地有許多不同意見（*Ibid.* 2000c）；也提議外省人口的分界應該隨著研究者分析的問題而改變：例如投票行為、在臺灣社會裡的日常生活、與中國統一、中國在他們眼中的形象、臺灣「國家認同」等議題（*Ibid.* 2000c & 2011）；同時也透過統計分析證明外省人是一個異質的群體，他們不斷地去適應政治環境的改變：在可以包括議題的政治化的這個過程中，他們對政治及象徵性轉變的「接

---

2 若讀者想要進一步了解筆者如何試著分析外省人的「認同困境」（Li, 1997）的議題，請參考文末的書目，它們包含筆者討論這兩個議題的幾篇文章與其他同僚的研究。

受底線」（*bottom line of acceptability of changes*）也會變動（*Ibid.* 2011）。

如同其他的認同，外省人的認同也是被建構的、多元的，並且是會改變的。但是，這並不必然排除他們認同裡傳統繼承與被動接受（*passive acceptance*）的成分。那是他們成長過程裡的經歷帶給他們的，而且他們不一定有意識地去質疑這些傳統繼承與被動接受的成分。他們認同裡的這些成分可能在某一天會被意識到的邊境待上好一段時間，但也有可能從來不會被發現，前者就是一種剎那的意識（*an evanescent consciousness*）。關於討論外省人如何與周遭的臺灣社會及人群的生活事實互動，筆者之前的研究曾試著描述他們政治生態的幾種面向。類似的研究也有其他臺灣與他國的學者做過，並從不同的角度切入，例如探討外省人的言語表達、生活環境，或選舉行為等等。上述的研究顯示有外省人此事實，儘管有人對於我們在外省籍政治人物在1988（李登輝上台）與2008（馬英九上台）年間在臺灣的政壇失勢時期，從政治人類學的方式研究他們的認同感到不安。然而，就像其他群體一樣，外省人是臺灣多元文化社會裡的連續體（*continuum*）的一部分，他們「群內」的差異如同區分他們與其他族群的差異一樣顯而易見。在1997年的研究裡，也就是解嚴十年後與李登輝接任總統時，筆者證實外省人分裂成許多持不同意見的團體，從強硬的統派到支持獨立

的激進派：從幾乎願意放棄中華民國以便投入中華人民共和國的懷抱，到因為支持台獨並拒絕幾十年的政治社會化的遺緒而必須忍受其他外省人的不諒解（有時甚至是怨恨）（*Ibid.* 2000c）。

本文企圖參與當前反思第二次世界大戰後在臺灣的外省人口之歷史意義的討論。切入的角度是從臺灣獨特的「後殖民」經驗重新討論外省人的認同歷程，並且把這個歷程視為兩種認同的「被建構的理想類型」（*ideal types*）之間的中介地帶（*liminal state*）：介於本質化且理想化的中國認同與臺灣認同之間。本文依據先前的研究（Ibid., 2011），使用在2008年政權替換前所蒐集的關於外省人國家認同模式的資料，研究在2008年中國國民黨重新執政前：此時代的特徵為臺灣的兩位本土臺灣人總統挑戰中國，探索對中華民國／臺灣不公不義的國際現狀，而這也是前述的研究在結尾藉著連結三個緊密糾結的面向企圖指出的：臺灣社會中的族群現象、國內認同政治與海峽的地緣政治。

先前的研究指出接受的底線是會改變的，因為我們可以稱之為「一般外省人」（*common mainlanders*）的態度在李登輝擔任總統時與陳水扁任職時的確不一樣。在李登輝擔任總統時，大部分人的政治立場是藉由抨擊任何有可能妨礙未來與中國統一契機的政策，以保護中國的一統。但是到了陳水扁任職末

期，他們的態度轉為新一種文化上的焦慮，因為外省人認為「綠色政府」要將臺灣「去中華化」（*de-sinicize Taiwan*）。筆者的調查顯示越來越多的外省人相對地對臺灣實質的獨立狀態感到自在，反而是中國使他們感到不安，而中國也逐漸被看作另外一個「國家」（筆者的問卷使用「國」一個字）。然而，儘管逐漸接受臺灣實質上的獨立狀態，大部分的外省人依然不願意接受可能會將中華文化從臺灣根除的文化政策。此一改變到了由陳水扁領導的第二次「獨立」傾向實驗（*"independence"-leaning experiment*）接近尾聲時已經很明顯（*Ibid.* 2011）。

　　延續之前的研究成果，本章嘗試更進一步了解：在始自十七世紀初期的這個島嶼長期移民潮的地緣政治脈絡中，作為歷史上重要的人口，外省人究竟是什麼樣的人、扮演什麼角色？筆者先概要式地提醒讀者關於外省人的一些歷史背景，並且試著標明他們的政治生態裡的幾點重要因素；接著討論臺灣近期的政治歷史，指出陳水扁繼承了支持獨立的陣營與主流外省人之間長年的對立。這種對立早在他的前一任總統李登輝任職時已逐漸發酵，並且可以追溯至更早的時期。在簡要地敘述關於近十年外省人的認同模式之變動的重要調查結果後，筆者提議採用范‧吉內普（Arnold van Gennep, 1909）以及維克多‧特納（Victor Turner, 1967）的中介時期（*liminal period*）概念來理解他們的歷史立場。但是這個中介時期或地帶並沒有

經歷人類學家在人類社會裡所觀察到的「過渡儀式」（*rites of passage*）：應當要陪伴人們從人生旅程的一個階段進入下一個階段的儀式。筆者認為在「綠色政府」的主導下，一般外省人能夠逐漸地適應臺灣的新政策。但是到了陳水扁執政末期，他們卻被困在無止盡的中介地帶裡，因為當時國民黨並沒有提供足夠的協助。根據筆者的問卷調查蒐集到的答案，在二十年加速的臺灣化之後，外省人已經能夠與親中政策保持距離。在這個脈絡下，筆者懷疑在何種程度上國民黨的某些成員沒有把這些傾向當作重大的選舉危機。在馬英九選上台北市長與當上臺灣的總統之後，他嘗試在台北市與整個臺灣再度給予中華文化較高的可見度，筆者懷疑這些行動是企圖瓦解李登輝與陳水扁逐漸建立給臺灣外省人的過渡儀式的行為。

外省人政治生態的界線

　　這一章筆者的主要研究對象指的是由第一代移民到臺灣的外省人撫養長大的後裔。意即，並非已經長大成人才到臺灣，而是在1950與1960年代在臺灣出生，或者是孩童時期的早期跟著父母在中國的內戰時（1946-1949）到達臺灣，在臺灣被由外省人精英控制的中華民國政府獨裁時期下（1947-1987）成長與政治性地社會化。這些第二代現在多為五十與

六十歲的年紀，正處於他們活躍的生命與專業或政治生涯的巔峰。相應的是這個時期仍然健在的第一代外省人不再扮演重要的政治或軍事角色，而第二代外省人的後代往往拒絕被當成「外省人」。

為了提醒讀者關於外省人在臺灣這個概念的起源的幾點重要因素，以下摘錄自筆者先前的研究：

> （⋯）這個詞指稱那些自1945年10月至1955年2月間遷移到臺灣的中國人。1945年10月是臺灣經歷日本五十年的殖民統治後開始被中華民國統治的月份。而1955年2月則標記最後一次大幅員地從即將落入共產黨統治的區域的大撤離，也就是中華民國政府從大陳島撤離了四萬四千名士兵與平民。估計在撤離顛峰期（1949-1950）遷移到臺灣的人數，所提出的數目從九十一萬至超過兩百萬不等。確切的數目難以判定，因為真正到達臺灣的士兵人數，對政府與國防部來說都是敏感的議題。此外，當時混亂的情勢並不利於保存確切的記錄。[3]

---

[3] 2000b: 71-2。筆者在Corcuff, 2000c: 47-55仔細地討論計算外省人口這個困難而複雜的問題。

李棟明在1960年代晚期估計1956年時在臺灣的外省人只有比一百萬多一點（李，1969），這是比較準確而且相對地可靠的研究。在這裡筆者堅持一百萬這個數目，因為令人遺憾的是當人們談論這個議題時，他們大部分沒有讀過這方面的學術研究，所以持續使用沒有經過證實的、跟著蔣介石逃到臺灣的「兩百萬」外省人這個數目。這個數目非常有可能是1950年代早期政治操弄的結果，意圖在強化與鞏固不久前才被擊敗的中華民國在大陸的政權（Corcuff, 2000c: 47-55）。1946年臺灣的總人口約為六百萬人，1951年時增加到七百八十七萬人。在1992年禁止行政管理上標明籍貫之前，最後一次人口調查顯示（1990年12月）外省人口佔了兩千零三十五萬兩千九百人的百分之十二點四七，或者說大約有兩百六十萬人。但從那次的普查之後官方就沒有再調查省籍。

　　在臺灣，中國國民黨在第二次大戰結束後推行臺灣「再中華化」（resicinization of Taiwan）政策，除了中華文化歸屬性之外，多數外省人長期以來不願承認臺灣有任何其他的認同。陳奕麟（Chun, 1994）稱呼這種現象為「臺灣的『國民黨化』／『國家化』」（nationalizing Taiwan）（這個現象至少持續到1970年代文學領域的本土化運動開始從關於中國的主題轉向比較本土的主題之前）。在本土台灣人的眼裡，很快地外省人被視為侵略者與獨裁政權的支持者——隨著即將成為事實的全

面敗退，國民政府在1948年早已宣佈進入緊急狀態並且嚴格控管人民行動自由。當地居民對國民政府積怨已深，而同情臺灣人命運的外省遊客也目睹了悲慘的時刻（Huang, 2009）：在1947年2月與3月屠殺事件發生後不到兩年的時間國民政府遷移至台北，接踵而至的是政治迫害。事態逐步演變至討論族群、集體記憶、認同，以及現在所說的「二二八事件」都是被禁止的（Edmondson, 2002），而兩派陣營對彼此的偏見與厭惡也越來越多。這些偏見漸漸成為兩派陣營腦海裡根深蒂固的想法，於是兩組世界觀就此建立了。可想而知，之後幾十年在臺灣發生的重大事件有時候兩方會提出相差甚大的解讀（李, 1996, Huang, 2009）。針對這兩組互不相容的世界觀，已有學者提出相當精彩的概要。作為歷史建構的產品，這兩組世界觀都是正當的，社會科學家不應對此表達意見（Chang & Wu, 2001, Simon 2006, Chang & Yang, 2010）。在二十世紀後十年與二十一世紀前十年的二十年當中，外省人與臺灣人之間的偏見最終導致「中國意識」（*Chinese consciousness*）與「臺灣意識」（*Taiwanese consciousness*）的對立：在這兩種認同模式裡，認同「中華」或認同「臺灣」並不會使敵對的認同消失，只會佔上風。事實上，早在李登輝成為總統之前，臺灣的外省人已經經歷認同危機（Hu, 1989），但是他任職期間施行的民主化與本土化運動卻使得他們焦慮的本質改變：中華民國由臺灣人掌

權，而且極為敏感的事實是這位中華民國的總統從來沒有踏上中國大陸，[4] 而這個事實簡潔地展現這個議題從一開始就非常微妙與棘手。隨著新臺灣國的提出，如同張茂桂與楊孟軒（2010）所陳述的，外省人開始領悟到「他們珍藏的國族與團體記憶成為政治錯誤，並且覺得他們的尊嚴遭到當前本土化論述與台灣國族主義的踐踏。」

　　兩任總統的目標、改革的步調，或者由上而下引導的變動強度是否有任何差異？民進黨籍陳水扁於2000年至2008年之「綠色政府」政策讓外省人認同危機添加更多變數。該政策讓認同、國家、歷史、臺灣在國際法上的地位、文化，以及此一政體的名稱「中華民國」（the "Republic of China"）等敏感議題逐漸被以更直接與更確定的方式提出，（Brown, 2004, Lynch, 2004, Cabestan, 2005, Deans, 2005等），儘管在政治、法律以及國際情勢的框架下此類探索受到嚴格限制，以致形成一種「憲制僵局」：此僵局是陳總統繼承自其前一任李總統時代，盡可能撼動臺灣政體的象徵性秩序，但不將國家的名字改為「臺灣共和國」（Republic of Taiwan），因為這種作法無論在政治、軍事，與外交方面都被視為是相當冒險的。

　　在李登輝總統任職期間，外省人對政治變動的適應是因為

4　1996年與郭岱君女士的電話訪談（目前無法找到確切的日期與月份之記錄），她是外省人，當時擔任總統府的第一副局長兼新聞秘書。

以及透過他們的認同危機而發生的（*adaptation through crisis*），此危機是由於李登輝成為總統而產生的，但是他們的適應也是由李總統所策畫的，也是在朝向民主化、本土化以及務實考量的歷史洪流的必然或壓力下之所為：李總統要求外省人必須隨著時代改變，而許多外省人憎恨這一點；但是他們的確自我調適，儘管他們面臨認同危機，或多虧他們的認同危機使得他們必須調適，這有一部分是因為相信改變是無可避免的（Corcuff, 2000c: 683-718）。然而，陳水扁就任總統時，文化政治更進一步成為認同政治的工具（Chang, 2004, Makeham & Hsiau, 2005），「使得臺灣外省人透過危機來調適」的過程變得更急迫。臺灣外省人的認同旅程與調適過程面臨的環境改變應該要被研究，而這提醒我們去檢視：被研究人口的政治生態，以及理解他們的世界觀與政治行為的認知（或心理）、象徵與政治面向。我們可以思考教育、社會化、集體記憶、歷史觀、政治情勢、政治論述與針對一個特定社群的計畫，以及其他的可能項目，這些都是形塑一個群體的政治生態。

如果不是全部，至少上述的大部分面向偶爾或經常性地成為臺灣認同政治的議題，其中幾項在外省人的認同困境之研究裡似乎特別適切：對國家在何處或者是什麼的定義曖昧不清；臺灣本土化運動的脈絡，以及本土化所引起的對臺灣化的中華民國政權之政治忠誠之疑慮；族群環境以及演變成認同政

治的局面；外省人對中國的複雜的認同與看法；以及臺灣與中華民國所處的緊張地緣政治環境——過去二十年所有因素迅速地變動的環境。

李登輝總統任期間之外省人認同

　　蔣經國總統開放政治自由與由李登輝總統更進一步推展民主化之前，外省人在臺灣社會的地位有以下幾項特點：

——雙重社經地位，部分人享有特權（例如：國小教師免稅）（Gates, 1981, Chang & Yang, 2010）但是其他人卻沒有（例如：士兵的生活狀況跟許多台灣人一樣悲慘）（Hu, 1990, 林 1991）；

——立法代表席次分配不均（由於中華民國政府組織撤退至臺灣所導致的歷史／司法情勢，至1992年改選之前，立法院呈現外省人佔有過多席次的現象）（Chao & Myers, 1998, 王 2005）；

——國民黨政府偏愛外省人，有系統地在學術界、行政管理與軍事領導高層招募外省人（Gates, 1981, Simon, 2006）；

——多數外省人體驗到語言隔閡，他們不會講當地的閩南語而且常常不願學習（Gates, 1981）；

——對臺灣的文化與語言有著主流的文化偏見，這些偏見銘刻
於更長期的歷史歧視，且得到政府關於歷史與臺灣定位之
論述的支持（Gates, 1981, Corcuff, 2000c & 2004）；

——離鄉放逐的曖昧情感：一方面外省人否認他們在中國之
外，以免中華民國政府失去收復大陸以及統治臺灣的正當
性；另外一方面，卻也有住在離中原或「真正中國」很遠
的地方的明顯（且證明為正確）感受；

——由於1949年的創傷，心理上傾向於支持政府的論述與政
策；[5]

——而且清楚的，除了文化方面的偏見之外，對於臺灣人想像
鮮少有兩極化的看法。

張茂桂（2006）與史國良（Scott Simon）（2006）稱這種
認同為「離散」認同（*diasporic identity*），特徵為遠離中國的艱
難處境，以及在失位錯置（*displacement*）的情況下合理地將自
我定位朝著國民黨的中華民國國族主義與逐漸浮現的臺灣認同
靠近。這是一種勇敢的「矛盾」的稱法：因為違背常理，更具
體地來說，外省人在有著豐富中華文化的臺灣怎麼會是華人離

---

5 在筆者做的定期訪談中，一位比筆者年輕的受訪者在2010年時這麼
說：「無論我多麼想要宣布外省人不再依賴國民黨，無可避免的是外
省人的命運依然與國民黨綁在一起。現在，外省人或許不需要依賴國
民黨生存，但是他們心靈的安定卻需要。」（電子郵件訪談，2010年
9月18日）。

散群體呢？這種看法依然很普遍，但是這種看法把認同的對象視為永遠不變的（*reified perception of identities*），以及認為認同並非被建構的工具之原初假設，而忽略史國良所描述的建構認同：「認同主要是歷史建構的團體之間的關係，而非由本質定義的對象」（Simon, 2006）。[6] 與普遍的誤解截然不同，即使臺灣的多數語言是屬於華文語系，史國良與張茂桂提出將在臺灣的外省人視為離散群體的看法，從認同建構的角度來分析，若不從這個角度出發，就無法了解臺灣的認同與族群議題。

　　由於協助解放臺灣社會，1990年代的民主化為隨之而起的認同爭論鋪路（Wachman, 1994, Corcuff, 2002c）。一場熱烈的反思運動蓬勃發展，人們敢於提出關於「國家在哪裡」（*Where is the nation?*）與「我們」是誰的問題。可是，要定義這個新的國家並非一件容易的事情。假如李總統設法大幅度地減少由外省人主導建立的國民黨政權之政治與軍事的影響，那麼中國國族認同的支持者便努力在此過程中保有重要的政治地位、立法院多數席次，以及對平面與電子媒體滲透性的影響力（Chao & Myers, 1998）。衝突很快地沿著臺灣三項重要且相關的議題——歷史、地位與歸屬／認同——發展，而且沒有緩和

---

6 原文為 "*identities are primarily relations between historically constituted groups rather than essentially defined objects*"。

外省人第二次政黨輪替前的國家認同：永遠的「中介時期」？

Chapter 3

131

的跡象。許多問題被提出來討論。學校的教科書必須隨著時代修改，它們轉向較以臺灣為中心的觀點以強化大家對臺灣的認同，例如藉由證明早在被滿清佔領之前，大航海時代時這座島嶼已經是歐亞貿易與亞洲內部商業的必經之地（王，2001，Corcuff, 2005）。作為「中國人」與「臺灣人」意味著什麼的議題由本省籍學者重新提出，就是爭論的核心。人們是否能夠同時在族群或文化層面作為中國人也在政治或公民層面作為臺灣人？爭論自然地發展至關於臺灣的未來：主張保持現狀或跟民主化的中國統一，這兩項都不應該是唯二的選擇而排除人民宣布台灣獨立的另一個方案（林與鄭，2001）。

族群與國家的問題不可避免地被提出。主張臺灣這一個國家的存在是否可行？如果可行的話，那麼可以追溯至哪個年代、現在要建立一個新的國家是有正當性的嗎，該怎麼做？國家建立問題之可行性的討論核心是如何使臺灣的外省人與國家建立的過程發生關係，因為顯然的沒有他們的同意事情就無法在和平的狀態下達成。

這段眾多認同標誌大幅改變的時期導致方向的迷失，對某些人而言，甚至進展至產生被本土臺灣人「丟到海裡去」的悲慘的想像，而這也是一些政治人類學的研究曾提及的（例如，Li, 1997, Corcuff, 2000c, Simon, 2006）。筆者於1997年的研究協助追溯外省人經歷的困苦時期之重要線索，政治心理學的

線索。對那段時期的一般看法為劇烈地感受到變化，它導致內心深處的挫折與怨恨，但是除了可能的政治操弄之外，外省人也感受到李登輝主導的變革有著某種程度的無法避免性，在某些方面認為本土化及民主化是歷史洪流下的必然。對民主價值的信仰是清楚易見的，日常生活持續地本土化也是容易察覺的。舉例來說，外省人的認同逐漸本土化之趨勢可以從多數人認為統一並不比臺灣內部純粹本土的、「優先處理的事務」（*political priorities*）來得重要，例如「打倒貪污」或「發展經濟」。很多方面可以看到這股無法壓制的本土化潮流，例如將臺灣視為他們的家，無論它的省籍／國家地位是什麼（高[Corcuff], 2004）。

然而，危機感卻也相當明確，與江澤民領導的中國政府發起反對李登輝的抗議時間相去不遠，1995年7月與8月的臺海危機，曾發生嚴厲地譴責李登輝的狀況。[7] 那段時期政治兩極化與族群對立的情況逐漸高漲，誘惑著許多人脫離受到李登輝與他的「主流（臺灣）派」控制的國民黨。1995年時筆者的一位65歲受訪者這麼說：「現在我們投票給（贊成統一的）新黨，但是我們不敢這麼說也不敢宣布我們已經停止支持國民黨。」隨著認同的議題與國民黨過往的惡行開始被公

---

7 《人民日報》國際版，1995年7月24、25、26、27與8月3、5、7、9日。

開討論（特別是1947年的鎮壓與1950年代所謂的「白色恐怖」時期），族群間的誤解也漸漸增加。這標示著臺灣當代認同政治的一項重大轉變：在李登輝時期之前，在戒嚴尚未解除之前，一般而言外省人忽視臺灣人的傷悲而且與他們和平相處——至少在他們自己的眼裡。目前依然有許多人認為族群仇恨是近期產生的，傾向於忽略族群差異導致的忿恨早已存在本土臺灣人心中。他們就是沒看見——或者他們看見了，但是他們把這種憤怒視為沒有辦法理解的而沒有正當性的。

李登輝擔任總統期間也是國家認同之多元形式發展的時期，或者變得更明顯的時期，關於國家忠誠與認同的問題被廣泛地討論。臺灣人原本可以自然地認同臺灣，但是他們多年來被國民黨教導要認同中國（Chun, 1994）。傳統上認同中國的外省人逐漸更明確地了解到臺灣——作為中國的一部分或多一個認同對象的選項——能夠被視為他們國家認同模式的一部分。就政體的建構而言，那段時期也是他們對中國的看法轉變的時期：臺灣與中國是兩個不同的政治群體，並且不僅是兩個相異的政體與一個中國之下分裂的兩個部分。政治中國與文化中國之間的差異開始被區分，進而導致一般而言不太可能同時發生的文化認同與政治拒斥，對統一之可行性的質疑加深。1950與1960年代，問題依然是「我們什麼時候會回去？」但是到了1970與1980年代，漸漸變為「我們會回去嗎？」到李登輝

就任總統時，問題已經變成「中國已經有大幅度的改變，雖然我們現在可以回去，但是臺灣是我們定居的地方，那麼臺灣對我們而言是什麼？」伴隨著此一轉變的現象的是慢慢增長的台灣命運共同體意識，儘管此意識不斷地受到議題政治化的牴觸。簡言之，那段期間外省人政治價值觀的改變並不難被注意到，儘管他們普遍地持續認為李登輝是中華民國的「叛徒」，因為他正逐步地放棄以往的政治想像（*political myths*）。

之前筆者研究那段時期時指出此現象是下列因素的混合物：本土派的炒作、長期的認同危機、反對現代化與民主化政治改革的難度、臺灣的生活品質與中國的生活品質的差異，以及了解到他們已經屬於這一塊土地促使外省人透過長時危機的調適。這卻與李登輝使國民黨的非主流派成為局外人與減少黨內外省人的政治影響力同時發生。當國民黨於2000年總統大選敗給民進黨而李登輝辭去黨主席時，情勢迅速地改變（Fell, Klötter & Chang, 2006）。

陳水扁繼承的對立

在蔣經國1988年逝世後的二十年間，掌控最高權力的臺灣國家建造者李總統與陳總統嘗試給臺灣加上現代的、溫和

的，以及有包容性的（*inclusive*）臺灣國族主義（Wu, 2002）。史國良提出非常好的實例。呂秀蓮在最終導致高雄美麗島事件的1979年街頭抗議中，清楚地將外省人納進她的訴求對象裡，呼籲人們為了臺灣的未來達成國內和解並且提出政治計畫（Simon, 2006）。1990年代與二十一世紀的前十年，由李陳兩位總統實行的計畫意味著在前述「憲制僵局」之限制裡盡可能放棄此政體舊有政治想像與符號表象：移除認同論爭之限制（與民主化過程同質的政策）；本土化公立學校之課程；鼓勵本土文化及語言，例如原住民的文化語言。正是這時期（由李登輝）正式建議外省人加入本土臺灣人組成新臺灣人民（*a new Taiwanese people*）；並且（由陳水扁）決定既然稱為「國語」的中文是這座島上每一個群體都了解的語言，它將持續作為臺灣唯一可能的官方語言，並且擊敗更激進的獨派份子提出的選擇（如：改成本土的閩南話），排除河洛話作為官方語言的可能性。[8]

然而，這些政策並沒有得到他們主要訴求對象的信任，主流外省人口依然確信那只是政治操弄。[9] 最近在一個比較臺灣

8　於2004年10月初文建會於國家圖書館舉辦的多元文化與族群發展會議公開宣布。

9　高敬文（Jean-Pierre Cabestan）（與其他專家）認為綠色政府與外省人間緊張的關係起因於一種「基本教義主義」以及陳總統逐漸與有包容性的國族主義保持距離（Cabestan, 2005）。筆者在此提出另一種解釋：這兩種相互競爭的國家議程本質上乃是互不相容的，泛綠陣營／民進

根愛爾蘭的政治經驗會議中，黃富三教授及其兒子以林獻堂為例，表示有不同政治議程在強烈競爭的脈絡裡，溫和派及中間路線常常被每一邊攻擊而得不到重視，不能被理解。[10] 雖然許多外省人憎恨陳總統時期，而或許導致少數人開始再評估李總統時期，但是陳水扁任期間的外省人堅持這兩位總統的一致性。[11] 但是意見的改變有限，許多人認為李登輝與陳水扁統治的二十年是類似的：認定是反對外省人、反對中華歸屬，並且反對統一政策。直到這個政權民主化與本土化，外省人是來自

黨提出的政策，無論多麼有包容性，並沒有得到觀察者、媒體、外省人與許多國際觀察者的注意或信任。很少人注意到陳水扁提議讓北京話繼續作為唯一通用語言的決定正好與臺灣國族主義基本教義相悖…。

10 見黃富三與 Sam Huang 的 "Lin Hsien-tang's Taiwanese Home Rule Movement as Inspired by the Model of Ireland" 發表於 "Small Islands, Big Issues : Ireland and Taiwan in Comparative Perspective" 會議，都柏林，2011 年 9 月。

11 筆者 2007 年的問卷調查裡 13.6% 受訪者認為陳總統時期的情況與李總統時期「一樣差」，但是 76.3% 認為從李總統時期「變差」，這或許顯示他們認為李總統時代還不是「現在」那麼差。問卷設計為：（第12 題）「陳水扁的總統任期已經接近尾聲，您認為，相較於李登輝時代，臺灣在陳水扁總統任期有何轉變？」另一題也有同樣的涵義：（第15 題）「今日，李登輝不再掌權的八年之後，您對他十二年的總統任期的評價為『非常好』、『好的方面比壞的多』、『壞的方面比好的多』、『很差』？」55.8% 受訪者的印象是負面的（選項 3 與 4），54.2% 有好的印象（選項 1 與 2），數目約為相近，但是十年前卻相差很多。1997 年的時候，受訪的人有 3.5% 對李登輝當總統有「很滿意」或「滿意」的評價（Corcuff, 2000c: 514）。

海外而且在中華民國政府裡佔有過多席次的少數人口——換言之，在類似殖民、如果不是絕對的殖民狀態。普通士兵與沒有權力的外省人往往在悲慘的社會經濟狀況下討生活，如同中國長期殖民歷史裡被派到發展中帝國邊疆的大多數人口。此帝國邊疆的放逐人口需要找到慰藉，剛好一個壟斷所有勢力、實行臺灣再中華化，並且鎮壓臺獨運動的國家符合此需求。無法避免地，當本土臺灣人成為總統而且改變政策時他們完全沒有準備。「臺灣人掌權」大大地提升2000年代臺灣國族與認同論戰的強度，如同社會學家李廣均（Li, 1997）提到的閩南用語「臺灣人出頭天」意味著外省人幻想的結束與深切認同危機的開始。他們對中國的認同、他們接受的政治社會化過程、中華人民共和國的軍事威脅，以及前執政黨發起對李陳兩位總統的抗議等等讓他們難以接受臺灣國家此一概念的正當性，也難以接受臺灣人領導的本土化政策。當新的總統表示真誠地邀請他們一起參與時，多數外省人並未真正相信他們。[12] 外省人不僅認為這種國族主義沒有包容性，更重要的，多數並不接受「臺灣人的國家」（*a Taiwanese nation*）此一概念的正當性。盛行中國意識之群體與臺灣的國家建造者之間對以下問題欠缺基本共識：臺灣的歷史、地位、歸屬與認同，更別提臺灣的未

---

12 1997 年 50.3% 的受訪者回答當李登輝談及「命運共同體」包含外省人時，他們覺得他並不誠懇（Corcuff, 2000c: 515）。

來，他們的看法建立於兩組互不相容的世界觀之上。因此，李陳兩位總統並未成功說服外省人與本土臺灣人一起成為新臺灣人民。多數外省人視這兩位總統的提議是為了一個稱為「臺灣」之國家教化議程的一部分，而這計畫違反他們堅信臺灣是中華民國的一部分之信念。

2005年7月16日，馬英九當選國民黨黨主席。距離上一次外省人擔任黨主席，也就是蔣經國，已經18年。在主席選舉中，馬的競爭對手為本省籍立法院長王金平，馬的最終勝出，代表著外省籍人士對正在遠離李登輝路線與本土化的國民黨持續的影響。而自從馬英九於2008年5月上任總統後，中華民國政府的外省籍內閣閣員則又顯著的增加。

在政黨政治的影響之外，我們能否說外省人在政策制定、定義與宣傳國家官方認同和島嶼的未來命運上，仍具有相當的影響力？要回答此問題，並找出在20年的本土化與臺灣化之後，臺灣外省人的認同歷程，這個章節將考察他們在確立重大分歧與複雜議題（如臺灣身份、國族認同、中央政府的文化政策、政治上的獨立、中國的形象、與對臺政策等）上的立場。有鑒於此，我們將用到在陳水扁執政末年所做的問卷調查的資料。

在任何語言裡，語法與文法的需要都是為了讓一方與另一方清楚地溝通，讓對方馬上懂原方的意思。一個語言的文法的

本質就是此語言的邏輯的獨特性，因此不能隨便造句不止是因為國文老師會説「錯！」而更是因為我們造句時，通常不想跟我們語言的邏輯有衝突。當人講出不符合文法的句子時，有可能是因為不懂規則，或者是故意的，想要有創意，像在詩人或藝術家的作品中。要有意識地偏離正確的文法需要相當的勇氣。這跟認同有甚麼關係呢？這個造句之邏輯是我們「國」語來自長久歷史中發展的所謂「文法」，它也是一種「價值觀準則」。你怎麼造句，與你整個語言的邏輯有關，所以句法跟文法也是有關的。研究認同政治的時候，我們可以用這個比喻來形容認同的特質。在某某變數上，一個受訪者怎麼回答，在某些程度上，他的答案是鑲嵌在一個比較廣的價值觀準則之內，也就是，他個人的答案，就如造句一般：每個人保持自己的自由，可以用自己的方式表達他的意見，但是他跟他所屬的政治價值體系的文法有關。在之前著作的《風和日暖》一書中，我寫過臺灣外省人在很多重要的變數上並不是個一致的共同體，所以當他們表示對某某事物的認同感覺時，是否不會感到他們所屬的政治價值體系的影響？不一定：我們在臺灣還是繼續用藍營、綠營、外省人、臺灣人這些標籤是因為縱使意見方面的多元化，中國意識與臺灣意識的不同在許多方面是存在的，這也是為甚麼有所謂的「藍營」與「綠營」的分類。我們學者努力地找到底哪一個變數會讓意見團體之間的邊界與之內

的多元明確地顯現；我們應該承認這個不甚簡單：臺灣的認同政治裡，每一種可能的意見都在一個連續體（*continuum*），而沒有十分明確的分界。造句的時候，每個人要多麼地遵守他們所屬的政治價值體系的「政治文法」就是認同政治的核心問題。團體從非由同質的人所組成，但不論如何，團體確實存在，找到正確的變項來表現出團體之內與之間的同質性與異質性是我們社會科學分析者常處理的基本問題。

語言的創造

　　這份研究是要捕捉外省人在陳前總統離任前的認同策略的圖像，此也為1997年李前總統執致時期的初始研究的追蹤。第一份問卷是於解嚴的十年後，也是首位傾向臺灣與臺灣出生的總統李登輝於1988年1月就任的十年後。當時李前總統已經於一年前在首屆總統直選中，擊敗所謂的「非主流派」（1996年3月）、邊緣化國民黨內的統派勢力。當時也正是國民黨內廢省爭議落幕的數月之後（1996年12月），該爭議讓當時如日中天的宋楚瑜與李登輝在媒體上公開的衝突（大家應該都記得「諸法皆空，自由自在」的題字！）。在此前的十年，眾多轉變發生在政治符號、制度結構、關於臺灣的官方國家認

同論述，以及法國史學家 Pierre Nora 所提的 *"lieux de mémoire"*（地標、紀念日、歷史課本、政治儀式、郵票等其它與國家記憶有關的符號）的相對重要性（提出相關分析的作者尚有 Wachman, 1994: 128-200; Corcuff, 2000a, 2002a, 2005; Edmondson, 2002; Deans, 2005）。數十年來這些符號正是外省人極為重要的座標點，也因此它們的變更不可避免地造成外省人的認同危機。這個課題也終於被學界所重視，外省人的研究從較不敏感的都更問題（眷村改建），逐漸進入到更敏感的國家認同與認同政治（Hu, 1988, 1989, 1990; Li, 1997, 2002; Corcuff, 2000b, 2002b; 高[Corcuff], 2004）。自從馬英九總統上臺之後，外省人的議題更進一步成為重要的研究焦點。

1997年的問卷是針對衡量外省人對臺灣的認同、其決定的因素、危機、與演變所設計的。要統計衡量外省人的認同策略並非易事，也很少見。結果顯示出他們的臺灣化大概正出自於他們的認同危機，突顯出對政治變革接受度的「底限」的移動。它們也顯示在如統一這樣的國民黨核心價值，或對臺灣認同議題上，外省人共同單一的意見是不存在的。（高[Corcuff], 2004: 135 et seq.）.

然而在2007年，中華民國總統不再是國民黨主席，而是主張臺獨的民進黨員。李登輝先生在總統任內，曾多次被指控為推動「寧靜獨立」，但同時也不斷地否認追求「獨立」（意指

建立新政權以取代中華民國政府），甚至當時也否認過這個概念的正當性。陳水扁先生，縱使內心支持獨立，但在身為總統任內，經常避免公開提及改變國號，這也讓極獨派的支持者相當失望。中華民國的「島性」（*insularity*）已經無法再被否定之餘，現在被一個積極鼓吹臺灣化並背離統一的臺籍政治精英所統領。對多數外省人而言，要調適這些新的情勢是很艱辛的。

這個新的危機是否足以翻轉十年前「透過危機而深化的紮根現象（*Taiwanization-through-the-crisis*）」？當然，針對一些如民進黨執政時的文化政策等特定議題的不滿自然是有的。縱使藍營與無數外省人對前總統陳水扁先生在任時與卸任後持有我們稱為「論述暴力」，然而臺灣的外省人還是很明顯持續地調整他們的信仰與價值以融入陳水扁總統執政下的現實。

2007年因而顯得開啟一個新的研究是更重要的。這年夏天不止是臺灣民主化滿二十週年，也是陳水扁總統任期的最後一年，而他的名聲早已被前一年由國民黨揭發與利用的弊案拖累。雖然學界到目前為止尚無共識，我相信陳水扁先生與他的閣揆們在臺灣民族主義等議題的立場，在多方面是溫和的，並朝向建立一個以公民社會為基礎，尊重認同多元性的一種包容的民族主義。但是，陳水扁政府一直不能成功說服外省人接受這項工程。關注這個不良互動的最後時刻因而顯得重要。

問卷的核心目標：
測量「可接受的底線」的新局勢

　　為因應自1988年起的重大改變：政治體系、價值、信仰、觀點、國家政策、對中策略等，外省人的政治價值與信仰自解嚴後就時常演變與適應（Corcuff, 2000b: 617-718; 2002b: 78-182; 高[Corcuff], 2004: 136-149）。這表示有些改變，在過去可能被視為無法想像或無法接受的，最後被接受，或至少在這些改變發生後，「渡過」了。常見的例子如：認可統一需要透過全臺灣人的同意，或小心地接受移除過去蔣介石個人崇拜中最落伍的部份（Corcuff, 1997; Taylor, 2006, 2010）。這個章節的目的是找出外省人在陳總統任期終點時的適應、接受、挫折、與不接受。

　　「底線」在此指的是對一個人而言，在改革、政治倫理、與國家認同上，可接受與不可接受的界限。這個不斷移動的界限（它顯得有隨著時間與政治改革發展而轉變），可被視為外省人的認同形塑與自我認知的轉變的指標。外省人是否接受一個民進黨的本省人來擔任中華民國的總統？他們是否會把陳水扁政府的文化政策視為臺灣要「去中國化」的企圖？外省人現在是否把臺灣文化視為一個新的國家文化的可能根基？為這些問題找到答案可幫我們找出「底線」如何演變，以及外省

人的認同在2000年的多變環境中如何被重塑。

Ted Gurr在1971年研究了人的挫折與反抗。我們都認為，反抗的原因來自不能接受的事物發生了，但是作者說真正的原因在於期望與現實的差距變太大了，或當人們覺得他們應得的（*value expectation*）與他們可以達成的之間差距拉大時，比較會引發反抗。對外省人來說，這條「可接受的底線」在90年代與2000年代移動了。

在我發放這份新問卷前，透過幾年間訪談，我的理解是這條底線對某些外省人來說應該有移動。在過去多數外省人著重在「保衛未來統一的可能性」，新的重點則在捍衛「臺灣的中華文化」。在陳水扁政府時期，外省人已認知未來的統一也許不可能發生，而此時最重要的是保衛臺灣的「中國特質（*Chineseness*）」。2007的問卷確認了這個假設，顯示出外省人在認同問題上的途徑由政治轉向文化的。

識別外省人

有鑒於「外省人」概念常被爭論，我的問卷與訪談則全建立在用「他者的歸類」的變數與「自我歸類」的變數的交替使用，以解決這個爭議性的標籤。當我選擇篩選出問卷對象

後，每個被視為外省人的可能受訪者保有不填問卷的權力，也因此表現出他對「自我認為是外省人」的立場。但受訪者也被明確地問到他們「是否自我認定為外省人」這個問題。我並不在意一個人是否父母中一人或兩人皆有大陸背景此問題。最重要的是讓個人來決定她／他是否為外省人。

有些被他人認為是外省人的受訪者，在我們的訪談中不願接受這種分類。這不必然表示他們認定自己為臺灣人，而是他們拒絕認可「外省人」這個標籤，因為他們認為當一個臺灣人與中國人有種族上的差別時，此標籤暗示臺灣與中國的分離狀態。

在我的樣本有可能因為訪談者拒絕外省人的標籤而被遺漏的風險下，我把問卷交給學生發放給我們認為是「外省人」的人，而非我自己直接發放給陌生人，希望這樣可以避免「被拒絕」訪談。[13] 面對他者歸類與自我歸類的差別，我怎麼選擇誰要填，誰不要填？換言之，我們去找誰發這份問卷？這份問卷

---

13 筆者與九位國立中山大學政治系的研究生一同整理出一份非精英的外省受訪者名單（以下將說明）。他們於 2007 年 8 月被電話聯繫，並告知此研究有關臺灣外省人，而他們被我們認定為外省人；若他們同意參與本研究，書面問卷將連同回郵信封附郵票一併寄給他們。我們寄出 320 多份問卷，而 169 份有效問卷有被填寫並寄回，這讓有效問卷之回覆率達 52.8%，這遠高於 1997 年問卷的 30% 的回覆率。1997 年時本主題尚相當敏感，且問卷的發放是隨機放入一般認定為外省人居住的區域的信箱中。本次（2007）問卷發放則是以面交（大高雄地區）與郵寄（全臺）。

給誰呢？風險在於，當有人的父母中有一人是外省人，而因為不自認是外省人而拒絕填寫筆者的問卷。所以筆者必須先透過他人（筆者）的歸類來認定我的可能受訪者。換言之，我不能用隨機抽樣，我用滾雪球方法。我跟一群中山大學政治學研究所的學生發放給我們認為是外省籍的受訪者，而非我自己直接發放給陌生人，希望這樣可以避免被拒絕問卷。

另一個預防措施是當受訪者拒絕外省人標籤後，如果仍願意受訪／填寫問卷。事實上有77人，也就是4成5的受訪者在拒絕被稱為外省人後仍完成問卷。這樣，我就只單純紀錄願意填寫一份專為外省人而設計的問卷的受訪者的意見，而不介入社會上、政治上或行政上對「外省人」定義的爭論。

擁有這樣態度的受訪者不佔少數，而這也是臺灣外省人認同的矛盾之一，但只是表面上的矛盾而已，也揭示出認同是多元、流動並可以隨著不同的情況以及以不同的方式動員的。由於發現到精英在答訪時，在敏感議題上特別修飾他們的自我論述，我決定在2007的調查中限縮在一般大眾（*common people*），希望藉此探索到真實的情感而非演戲。這是與1997年問卷最重要的差別。

「一般外省人」：大眾的研究

　　有基於此，這個章節要看認同政治如何影響大眾，而非精英。精英途徑的分析者，尤其是新精英學派會強調在2000年間，有影響力的外省人如何形塑認同政治、如何影響政治議程、或如何與臺獨支持者爭辯。這項工作仍需要做，但我的章節也並非常見的大眾研究：法國社會學與政治學傾向於反問「精英」概念的正當性，我們可說「精英」與「大眾」皆為不夠精確的概念，因此說這兩種概念只能說是「理想型」。

　　在「大眾」之中，他們仍可以是在地方、文化或專業領域內被認定為「精英」。比方，我們可以把一個在一群失業、暴力的年青男子團體裡的領袖認定為「精英」，因為「精英」是取決於他們的社會環境、權力關係的階層、實體空間與之於他們有意義的價值，這也可以定義與解釋甚麼樣的議題對他們來說是有意義的。整體而論，我的受訪者屬於臺灣的中產階級。我們刻意選他們來受訪，正因他們並非上層階級如大學教授、企業主、軍官或地方或中央的政治人物。我們這裡所講的是「一般外省人」，接續安克強（Christian Henriot）與他的同僚，為了書寫民國時期的文化與社會思辯史（*meta-history*），

運用可見資源針對「一般人」的研究。[14]

　　兩份問卷的第二個重大差異在於問卷大小。1997年的問卷有178個問題，2007年的問卷只有50個，兩個研究的範圍差異甚大。2007年的問卷著重在臺灣認同政治的幾個核心議題：族群自我歸類與認同；對臺灣史的認知；對政治符碼改變的認知；憲政改革；民主價值；對李登輝與陳水扁的評價；對中國這個國家與中華人民共和國這個政府的認知；臺灣認同；以及兩岸關係的未來。在1997年，調查深入到外省人的「政治生態（*political ecology*）」，比如他們的閱讀習慣、政治聯繫、大陸旅行、與本省人日常的互動關係等議題（Corcuff, 2000b: 284-355）。

口訪vs.問卷

　　在完結方法論的討論並開啓最顯著的資料以前，我想簡單討論一下手寫問卷與深度訪談的選擇，相信許多社會科學家在做田野研究時都遇過這個兩難。為了善用兩者的長處，我的外

---

[14] 見 "The Common People and the Artist in the 1930s: An Essay in the Cultural and Social Metahistory of China through Visual Sources" <http://www.commonpeopleandartist.net>（筆者於 2010 年 1 月 10 日瀏覽）。

省人研究時常結合這兩種方法：首先進行幾年以上的口訪以累積知識，並讓分析與直覺交互激盪以求對相關議題更精準的瞭解。接著我再撰寫問卷題目，盡量避免開放性問題，透過統計數據來證明或反證先前的認知，以此發現新的、非預期的趨勢以及研究路線。

口訪的風險就是訪問者與受訪者之間會產生無數的誤解，但這並不造成問題，因為口訪具有彈性和時間來重新設計問題與答案及再討論答案，並可現場釐清誤解。以與發表時不同語言來搜集的統計數據，並且雙方中至少一方不是使用該語言為母語，有可能造成一樣的難題，這不僅在開放式問題上是如此，更無法現場釐清。

因此撰寫問卷問題需要花不少時間來仔細推敲問題的選字，以減少訪問者與受訪者之間對問題的不同詮釋，或各自不同受訪者的不同詮釋。對筆者身為一個外國人來講，問卷的問題有的是直接用中文想的寫的，有的是先透過他的母語而想的。問卷問題的翻譯不止是語言的翻譯：它需要一種心理位置的更換，對不同價值觀的適應，到不同的信仰，到另一個「世界觀」（*Weltansicht*），一個不同文法與語言結構的轉換。語意與句法的限制，或相反地，該語言所包含的更多可發揮空間，豐富了問卷問題規劃的過程。訪問者必須對在受訪者使用的語言中，對問題所產生的心理回應有敏感度。在2007年的問

卷就如1997年的問卷一樣，上面所有法文與中文寫的問題，都跟中央大學法文系的劉光能教授一起討論與翻譯。因為劉老師的法文造詣非常地高，所以他是最可以幫助我找出最適合表達的方法的人。我還記得我們在1996年與2007年的夏天兩次花了好幾個鐘頭，非常詳細地討論一些很重要的說法與觀念。筆者若沒有劉光能老師鼎力支持與相助，這兩份問卷調查表就絕對不會存在，這個研究也就不會有收獲了。

解讀外省人在綠營執政最後一年的國家認同

2007年的研究讓我們足以一探外省人於2008年的政黨輪替前夕的心理狀態。這個時刻尚無人確定國民黨是否會重回執政，倘若此預期在當時若得以確定，這是足以讓外省人心安並影響他們回應的。在當時，國民黨勝選的預期不夠清晰，也因此尚未可以大規模地影響外省人在認同上的進程，也就是他們對一個「綠化」了的環境下的調適。不論如何，陳水扁總統的政府於2006年以降就受貪污弊案的波動，因此當時對國民黨將可回朝執政的期望開始出現，而最後真的發生了，也讓這時所搜集的數據更加有趣。[15]

---

15 在馬英九上任之後，一些議題上典範轉移的可能性，諸如他們的臺灣

　　為測量臺灣外省人如何因應這些重大議題，我們將討論從
問卷問題中的主題整理出以下八個變項：

1）族群自我歸類

2）外省人可能經驗的危機感

3）他們對中國（現代的中國大陸）的觀感

4）臺灣史

5）臺灣做為可能的國家認同對象之一

6）外省人對兩岸統一的看法

7）他們對「本省人統治臺灣」的看法

8）他們對所謂的陳總統的「去中國化」政策的
　　焦慮

化、對中國的觀感、對與中國統一的想望或信心，必須被考慮在內。
但當時尚未有足夠證據證明這會發生。不過這仍是另一個獨立的問
題，也不該影響我們對陳總統執政終年時搜集資料的解讀。未來的研
究將需要研究 2008 年 3 月 22 日後，一般外省人（更甭提上層外省人）
光榮感的回復——無論在街道上與私下日常對話，能否從根本上偏離
或扭轉已明顯出現的臺灣化與對中國的曖昧態度。在這點上，筆者的
直覺卻認為至少在可見的未來中，外省人並不會盲目地支持一個太躁
進的偏中政策，縱使兩岸關係確實在馬先生執政下更為緊密了。支持
國民黨與馬英九以及支持親中政策不一定是同一件事情，但是國民黨
支持者是否願意分清楚這兩個議題就是另外一回事。我的研究結果顯
示出他們並沒有大幅度地否認臺灣獨立的身份，也不支持急統。但是，
如果外省人對泛綠的反感事實上是最重要的因素，而高於對臺獨的反
感，那他們是不是認為還是不能不投票給國民黨？

族群上的自我歸類

在世代交替下，對「Q2您認為自己是外省人嗎？」問題，顯示出自我認同為「外省人」的族群標籤的下降。比較兩個不同的時間點對這一問題的回答，似乎有顯示出這個趨勢。在1997年，類似的問題也被提出。[16] 當時的答案顯示，在大陸出生的，有54.4%自認為「外省人」，1945-1967年之間在臺灣出生的有45.5%，到1968-1981年之間於臺灣出生的剩下40.7%自我歸類是外省人（Corcuff, 2000b: 461）。在2007年，因筆者著重於外省第二代，因此不再區格世代的分析，但這個趨勢的延續則仍相當清晰：只有41%的受訪者回答他們自認是外省人，婉拒這個標籤的的受訪者則有45%（至少在這份問卷中是如此表現）。更有甚者，2007年的問卷更提供了研究另一個新世代外省人的機會，於1979-1992年之間出生，現今20-29歲的族群，這是1997年問卷無法被呈現的。在這個新世代族群中，只有38%自認為是「外省人」，至少在回答此問卷時是如此。

---

[16] Q. 1.3.7.-2 您自認為是外省人還是臺灣人？關於我為何使用「外省人」對應「臺灣人」，而非「本省人」，或為何我沒有使用「中國人」與「臺灣人」，請 Corcuff, 見高格孚 2000b:296。

2007: 您認為自己是外省人嗎？	
總體樣本百分比：	
是： 41%	不是： 45%
1997:您自認是外省人還是臺灣人？		
三個年齡層裡回答「外省人」的百分比：		
大陸出生 59.4%	1945-1967 臺灣出生 45.5%	1968-1981 臺灣出生 40.7%
2007: 您認為自己是外省人嗎？ *年輕族群裡回答「是」的百分比：*		1979-1992 臺灣出生 38%

「危機感」仍在？

　　我們可說「Q50您對臺灣的未來有信心嗎？」這個問題的
答案，是被受訪者的當下狀態所影響，不止呈現出他們對未來
的期望而已，也表達出他們對當下期望的可能實現的判斷。
在這個議題上，2007年的受訪者比十年前的好像更沒有信心。
2007年表示沒有信心的人數高於1997年的人數。我們可以說這
確認了過去十年間的迅速改變使得一些人無法或無力調適，與
可接受的底線可能已經被跨越了（新世代對這個變項的回答也
一樣）。

2007:您對臺灣的未來有信心嗎？	
總體樣本百分比：	
有： 36.7%	沒有： 48.5%
1997: 您對臺灣的未來有信心嗎？	
總體樣本百分比：	
有： 55%	沒有： 22%

對中國的觀感

　　過去的十年也出現外省人對中國不信任感的成長。測量此議題的方法之一是問「Q20北京政府認為中國和平崛起，成為世界強權，但是對其他國家並不構成任何威脅。您同意北京政府的說法嗎？」。不同意的人數（i=116）比同意的人數（i=23）多出四倍，這個差異在新世代中更為極端。

2007:北京政府認為中國和平崛起，成為世界強權但是對其它國家並不構成任何威脅。您同意北京政府的說法嗎？	
總體樣本百分比：	
同意： 13.6%	不同意： 68.6%
年輕族群裡回答「是」的百分比（臺灣出生，1979-1992）：	
同意： 9.5%	沒不同意： 75.0%

　　以下問題與答案更加確認這一點：「Q25對於中國在國際舞台上打壓中華民國／臺灣，您有甚麼看法？」大多數的受訪

者選擇「非常反感，因為錯在中國」或「無法理解，因為不合乎中國的利益」，而不是「可以理解，因為錯在臺灣」。值得注意的是不止是新世代這麼認為，整體的樣本都是如此。

2007:對於中國在國際舞台上打壓中華民國／臺灣，您有甚麼看法？ *總體樣本百分比：*		
非常反感，因為錯在中國	30.7%	總計: 49.7%
無法理解，因為不合乎中國的利益	19%	
可以理解，因為錯在臺灣	28.4%	

歷史、認同、地位與認同情感

要調查外省人對「臺灣歷史」與對「臺灣作為認同對象」這種複雜議題需要漫長的詢問過程。一種處理的方法是檢視過往在歷史教育中的政治社會化以及對歷史的政治論述的過程。在這個問題上，似乎有一對不對稱的演化，一邊是外省人漸把臺灣當做國家或次國家（*quasi/second nation*）認同對象（對臺灣認同的提昇），另一邊則是對「他們所學到的臺灣史是被國民黨政治宣傳所影響的」這樣想法的強力否認。

在「Q38您認為，國民黨過去有基於影響人民的國家認同這樣的理由，因而簡化甚至扭曲臺灣歷史嗎？」此問題，答是

與否的答案很平均。在整體樣本中，65人同意，69人不同意。這表示對於「國民黨將歷史做為政治化工具以培養臺灣人對中國與中華文化的認同」一事上，外省人並沒有一個共識。但是一旦進入當前的政治，外省人在立場上則似乎僵化了。當我問「Q17您認為，在實施民主二十年之後，政府逐步取消戒嚴時期『全民政治化』所留下的相關象徵，是合理的決定嗎？」時，絕多數的回答為這是不能接受的。

　　不過，不明確的受訪者的人數不尋常的高，這可能也顯示出外省人在一個轉變的期間中。因此，不再依附於過去信仰的人增加了，雖然他們仍對調適到新政治主流與價值，比如民進黨推動的價值，還有所保留，甚至到有反感。而當問題來到像國家這樣高度敏感議題時，我們也確立了這個「在演化中的狀態」（evolution-in-the-being）。當問「Q16在新一波的教科書改革計畫中，據說『中國大陸』、『我國』與『兩岸關係』將會分別改為『中國』與『國與國關係』，您能接受這樣的改變嗎？」時，有一半以下的受訪者覺得無法接受。其他人則分為可以接受與不表明是否接受這種改變（或是尚未接受？）但也不反對（他們的答案為：沒有特定立場），後兩群人（非無法接受者）的總數已經超過樣本總體的一半以上。

2007: 您認為，在實施民主二十年之後，政府逐步取消戒嚴時期『全民政治化』所留下的相關象徵，是合理的決定嗎？		
反對：　42.0%	同意：　27.2%	沒意見：　28.4%
2007:在新一波的教科書改革計畫中，據說『中國大陸』、『我國』與『兩岸關係』將會分別改為『中國』與『國與國關係』，您能接受這樣的改變嗎？		
反對：　48.5%	同意：　31.3%	沒意見：　20.1%

　　我們這裡可能剛好看到的現象就是認同政治干預一個原先會自然發展的認同趨勢。當42%的外省人說他們反對蔣家統治時的動員與政宣所遺留下來的壓迫性的象徵符號（Q17以上），這個百分比卻在被問到下一個問題時跳到55%：「Q18國民黨批評，上述的改革強迫全民接受單一觀點，是新的戒嚴思想。您認為，國民黨的批評有把問題說的太嚴重嗎？」

　　這確實是國民黨於2007年夏天所推動的想法，並可以被視為指涉民進黨「企圖重施戒嚴法」[17]。好像當「國民黨」三字被提及時，一些受訪者的判斷似乎就被該黨的政黨修辭所影響了。

　　然而隨著時間流逝，臺灣做為一個國家的想法，相對於過去，在外省人之中似乎逐漸被確立。當被問及「Q29您認為臺灣是主權獨立的國家嗎？」，回答「是」的人是「否」的三倍

---

17 另外尚有一個說法：在 2008 年 3 月 22 日的總統選舉的幾天前，傳聞陳水扁總統被將不會下臺並準備發動政變以避免馬英九當選總統。

多。縱使在口訪時，這個簡單問題會引發一些外省人（包括20幾歲的第三代）對臺灣國家、泛綠陣營、民主進步黨與當時陳水扁總統的長篇大論的激烈發言。

您認為臺灣是主權獨立的國家嗎？		
是： 67.4%	不是： 21.9%	沒意見： 10.6%

　　這不必然表示對某種形式臺灣獨立的支持。因為若問題是：「你認為臺灣是個國家嗎？」，結果將可能非常不同。「〔…〕主權獨立〔…〕」的用字並不指涉一個獨立的臺灣，這些用字也可以在臺灣當前的國內政治爭論的解讀下，指為一個主權獨立的中華民國，因為外省人也是在中華人民共和國否定中華民國主權下的受害者。

　　但是，在二十年間的臺灣化後，接受臺灣做為一個國家（或次國家）想法的成長是存在的。我們可以從已經佔50%受訪者不同意「Q28您認為，既然臺灣的文化基礎主要是中華文化，所以反對政治上的獨立嗎？」這點看出來。

您認為，既然臺灣的文化基礎主要是中華文化，所以反對政治上的獨立嗎？		
是： 33.1%	不是： 50.9%	沒意見： 23.6%

　　1997年的問卷裡，我加入了一個與這個在設計上很接近的問題：「Q. 1.3.3. 基於臺灣複雜的歷史背景，包含不同國家的統治，因此您認為臺灣的中國特質是不可否認，還是值得商

権？」在當時，有72%的受訪者認為臺灣有「中國特質」是毫無爭議的，只有18%的受訪者有不同意見。十年後，我的樣本數裡有一半的人接近認為臺灣是一個國家，這是筆者在訪談中，發現到陳水扁總統的時代所出現的發展。雖然，如筆者之前所述，兩份樣本不能完整比較，但確實有確認一個趨勢的存在。

與中國統一

在當時的問卷裡，筆者顯示對「終極統一視為不可妥協的原則」的堅持，在外省人中已越來越少。（Corcuff, 2000b: 479-496; 2002: 78-182; or 高[Corcuff], 2004: 116 et seq.）。我們在十年前所發現的趨向，在2007年的這個問卷似乎得到了確認。那個問題現在的問法是「Q35您認為，臺灣政府絕對不能放棄兩岸統一這個目標嗎？」。回答這是個「絕對不能放棄的目標」的比例低於20%，不僅在整體的樣本中是如此，在年輕受訪者（20-29歲）也是這樣。回答「最好放棄」與「應當重新檢討」的比例總合高達70%，這在整體樣本或年輕族群都一樣，並且只有10-12%的受訪者表示沒意見。

也因此當大多數的人對 Q31 「馬英九最近曾經表示，台

灣獨立是可能的選項之一。您可以接受這種立場嗎？」的回答
為「可以」時，也就不讓人奇怪了；回答「可以接受」的是
「不能接受」的5倍，而在年輕族群中更是7倍。這個結果告訴
我們，如果臺灣獨立是被一個外省人所領導的國民黨所提出理
性選擇的話，有將近7成的受訪者可以接受。[18]

2007:您認為，臺灣政府絕對不能放棄兩岸統一這個目標嗎？		
最好放棄： 30%	應當重新檢討： 39%	絕對不能放棄： 18.3%

臺灣的「中國特質」與政府的文化政策為「新底線」

[18] 事實上，至今這不曾真的被證實過，馬英九是否有真的有如傳媒報導
般親口說，或只是他身邊的人講的，或這只是個精心策劃出對民意「試
水溫」，或是針對特定政治情勢的影響企圖。無論如何，這並不改變
此「選項」的功能性。筆者甚至會說，這個曖昧性是有幫助的，當馬
英九否認時，有聽到他否認的受訪者有可能會有相反的答案。不論這
句話有沒有講，受訪者是面對一個在當時被認定為真實的爭辯。（馬
主席這麼說，你怎麼看？） 而我若問「如果馬英九先生說臺獨是一
個選項…」就不會得到同樣的答案，因為很多人不會相信他會說出這
種話。最後，於2011年9月，金溥聰被自由時報的社論引用他證實
了馬總統確實曾說過這句話；在2012年總統選舉的幾個月前再度說
出這句話，也許不無其目的性：也可能是一種影響中間選民的方式。
見〈台灣的黑暗時代〉，《自由時報》2011年9月20日社論：http://
iservice.libertytimes.com.tw/Service/editorial/news.php?engno=
525498&day=2011-09-20。

　　現在比以前更比較不會在「統一vs.獨立」甚至「誰（外省、本省）統治臺灣」找出一條「可接受的底線」。這個現象有不同的原因：日常生活中的臺灣化的趨勢依然強勁；「放棄在短期內達成統一的希望」的務實考量；大部份的一般外省人表現出對民主的信任；與不願分享大陸人的政治命運，或純粹只是不少外省人回答說「就是不喜歡現在的大陸人」；因為現實主義已讓以臺灣為主的政體被付予了正當性，而中國國民黨最後也承認了。伴隨著2008年國民黨的「回朝」，新的底線已經變得更偏重文化，而不再那麼政治。

　　在「00」年代（2000-2010）的臺灣，有關文化政治、記憶與臺灣的中國特質的辯論進進入了白熱化的階段。[19] 正如前面所說，筆者在1997年就對此主題進行提問：「Q 1.3.3：基於台灣複雜的歷史背景，包含不同國家的統治，因此你認為台灣的中國特質是不可否認還是值得商榷？」（Corcuff, 2000:294, 446-454）在那時已很明顯地為重要議題，甚至就是最核心的問題。我在1997年時發現72%的樣本認為臺灣的中國特質是無庸置疑的。口訪更顯現出在每一個個案中，外省人無法接受臺灣可以再造自身文化，並完全相信臺灣的中國特質的成份是「本質」（原生與原有）（*primordial*）的，正如以上所述的

---

19 見英文文獻中的各式不同詮釋：Chang, 2004; Lynch, 2004; Corcuff, 2005; Deans, 2005; Cabestan, 2005.

Clifford Geertz 於1963年所寫的「有一種難以形容的，無法抗拒的，壓倒的強迫性」（Geertz, 1963: 109）的成份。[20]

這當然與外省人的「世界觀」（*Weltansicht*）是一致的，尤其是他們對臺灣史的知識，是被國民教育培養臺灣毫無非議地屬於中國的觀念所限制。當他們調適了這麼多改變後，最後開始接受在幾年前仍會反對的新想法或主流的政治價值，他們是否已經重新定位他們可接受的底線，尤其是之前被視為事實的「中華文化在臺灣的至高無上性」？重點是否從政治上的目的（捍衛統一的可能性）轉變到文化性的目標（捍衛在臺灣的中國特質，或反對所謂的去中國化政策）？在這個困難的政治爭論上，外省人面臨民主進步黨的文化政策再加上中國國民黨對其的詮釋。

為了開始審慎地探索這個爭議又敏感的問題，設計了這個 Q11問題：「您認為，過去的『本土化』政策現在已經演變為『去中國化』的政策嗎？」：我在這裡在意的不是這個政策的現實，而是對這個政策的認知。不論是全樣本或年輕族群，回答「是」的是「否」的兩倍之多。

---

[20] 原文為 *"an ineffable, and at times overpowering, coerciveness in and of themselves"*.

您認為，過去的「本土化」政策現在已經演變為「去中國化」的政策嗎？			
一般樣本		年輕族群裡（臺灣出生，1979-1992）：	
是： 62.7%	否： 20.7%	是： 59.5%	否： 20.2%

筆者要補充一點，有關蔣介石的政治遺緒與形象這個在整體記憶上仍然分歧的有趣問題。1997年的問卷有幾個問題都是圍繞在李總統任期內，蔣介石的形象的現狀以及政治神話。[21]在2007年，筆者問Q19「在實施民主二十年之後，政府把『中正紀念堂』改名為『國立臺灣民主紀念館』的決定，您能接受嗎？」，將解嚴後的時間象限與民進黨政府當時的政策做參照。結果很清楚：在全樣本的80%的受訪者，還有年輕族群的84%，反對將「中正紀念堂」改名為「臺灣民主紀念館」。只有8%的人支持。這當然不是因為他們單純反對命名一個地方為民主紀念館，而是他們視這個決定，不論對錯，是對他們集

---

[21] 「Q231 一些和政治事件或人物有關的慶典，如七七事變或『蔣公誕辰』已經不如以前受政府重視，你認為是因為國民黨內主流派和非主流派鬥爭的緣故，還是歷史事件的必經歷程？」、「Q471 在〈蔣公紀念歌〉的歌詞裡，有些句子，像：『蔣公，您是人類的救星…』：您認為〈蔣公紀念歌〉的歌詞符合現實嗎？」、「Q472 您贊成故總統 蔣公陵寢移往大陸嗎？」、「Q235-2 在行政院有人說，台灣的國定假日太多，要取消一些，像蔣公誕辰紀念日。請問，您覺得，是可以接受的嗎？為甚麼？」、「Q551 你接受下列的政治事件嗎？」（…）Q551-3：「台北市政府中，蔣總統的照片均被取下？」、Q552-1：「介壽路改名？」。見 Corcuff, 1997 and 2000b: 471-472, 497-499 and 521-522。

體記憶的蓄意攻擊。激進份子甚至在成立的幾小時後，以鐵棍與美工刀破壞民主紀念館的招牌：

「臺灣民主紀念館」只活了一年，2007年5月從中正紀念堂改為此名，2008年8月回復原名。

對這個招牌的象徵與實體的暴力，可以提醒我們在1997年於二二八和平紀念公園所發生的類似事件：在揭碑數小時之後，台灣聯合國同志會因為認為碑文與國民黨的責任與史實不符，憤而破壞碑體。可以顯示這些人心靈創傷的深度：有人體驗民主慢慢刪除一個他們仍認同的「令人不自在的過去」（undesirable past）的過程；其它人則感覺民主發展中面對此「令人不自在的過去」的障礙。[22]

雖然我大部份的受訪者應該不會支持這種「懲罰性行動」，但我的樣本對改名／正名的集體反對，正是顯示出在臺灣的這兩個不同集體記憶的無法對話，縱使雙方的語法、主

---

[22] 馬英九執政後，國立台灣民主紀念館又改名成中正紀念堂，該招牌也被取走。

題、經驗都可以互通，但卻因為兩個截然不同的世界觀而無法互相接受，兩邊都有自己的邏輯與世界觀，追求不同的目的；不能說「他方」完全錯。

政權替換時期的外省人政治價值

前文提及2007年的分析資料時，筆者討論陳總統時期外省人經歷的關於國家認同之改變。以下情形特別受到注意：

——逐漸減少在族群裡自稱為「外省人」；

——陳總統時期對未來的自信漸減；

——逐漸視中國為敵對黨派，以及對某些人而言，當前的中國的確是完全不同的國家；

——臺灣是國家認同的新選項；

——與中國統一，現今是有爭議的選擇；

——擔心陳水扁領導的政府提出臺灣去中華化政策（Corcuff, 2011b）。

一般而言這些結果與李登輝執政末期的現象一致，唯一明顯的差別、也標記這個時代的是對於臺灣可能去中華化的新焦

慮出現，而十年前這種擔憂並未如此強烈。在筆者的研究裡稱之為「接受改變的底線」當時為承認臺灣實質上的獨立（意指許多改變是能夠接受的，但是承認臺灣獨立是不可能的）。

現在我們來檢視關於外省人如何表達他們對臺灣的歸屬感與持續認同一個理想的中國的變數。[23] 2007年的問卷裡與此相關的問題為：「您認為中國應該以臺灣為榮嗎？」；「您會擔心和本省人談政治問題會有意見衝突，因而避免和他們談政治嗎？」；「您認為中國的『一國兩制』政策對臺灣有任何利益嗎？」。

對於第一題，169位受訪者裡多數人（46.7%）認為中國應該以臺灣為榮，而有五分之一的受訪者（20.1%）不這麼認為。對於與本土臺灣人談論政治時是否感到自在的問題，各有接近半數的人（各為47.3%）回答「是」與「否」。關於中國提出的「一國兩制」，有9.4%的受訪者認為「有助於統一」，而有61.5%的受訪者同意「至少可以帶來和平統一」。然而，有22.5%或五分之一的人抱持「對臺灣沒有任何利益」的看法。

即使多數人顯然地以臺灣為榮，包括對中國而言，但是對

---

23 筆者必須提醒讀者每項變數的答案會決定一個外省人對於某些議題的主要立場（或者人數相近的兩種意見團體），但是主要的立場之下追問的每項接續變數當然並不構成典型的一般外省人之樣貌。

大部份人來說這並非放棄統一理想的理由，而且許多人依然對
於與臺灣人討論政治感到不安，因為這麼做可能迅速地導致關
於海峽兩岸的關係、貪污、選舉與認同政治等議題的爭論。

　　然而，假如是真正的、外省人當家的國民黨提及此議題
時，很清楚的多數人可以接受臺灣獨立的正當性。筆者2007年
的問卷提出以下問題，當時馬英九已經在為隔年的總統大選做
準備：「英九最近曾經表示，臺灣獨立是可能的選項之一。您
可以接受這種立場嗎？」

　　接受筆者採訪裡相當多數的人（受訪的169位裡有67%）
認為「臺灣獨立」「是可以接受的」，如果是由國民黨提
出──此處國民黨指的是馬英九的國民黨，而非1990年代李登
輝的國民黨──而只有16%的人無法接受這種立場。在較年輕
的二十至三十九歲受訪者裡，不同意的人僅有9.5%，而接受這
種立場的人數差不多（64.3%）。在此情況下，我們如何能夠
解釋就臺灣的未來而言，國民黨並未正式將臺灣獨立視為許多
選擇之一？

外省人的臺灣趨向性之局限

　　就正式改國號而言也就是所謂的「臺灣獨立」，問題的答

案不只與中國武力威脅有關。除了地緣政治的考量之外，而且假如陳水扁任期間外省人在理論上能夠接受臺灣獨立為可能的選擇之一，就必須從別的方向解釋他們的遲疑——很可能是選舉政治。

相當類似族群團體的認同建構，與其他黨派劃界並建立差異的必要性協助國民黨保持團結且避免再度分裂（例如1990年代的本土化政治論述）；這麼做能持續動員選民，並且策略性地使其本土派與較保守、面向大陸而有著強烈中國意識的派別團結一致。國民黨內的本土派明白為了贏得選舉計畫性地與民進黨區分是必須的：這一點在拒絕臺灣國家認同的非本土派與較能接受此概念的本土派之間達成明確的共識。因此「外省人之臺灣趨向性」（*Mainlanders' Taiwanese tropism*）的發展不可能得到外省籍政壇精英的支持。

動員選民以對抗「敵」營與剝奪外省人在認同旅程裡必要的過渡儀式是相同的嗎？

讓我們考量以下的資料以便思索這個問題。在整個樣本裡，60.9%受訪者認為民主是必要條件；[24] 另有79.88%的人認為認同是被建構的、會改變並且是多元的；[25] 還有67.4%同意

---

[24] 第5題：「您認為，民主是應該全力追求的政治體制嗎？」。

[25] 第26題：「您認為，所謂的『認同』（包含個人認同與國家認同）不是天生的，是會演變的，也有可能是多元的嗎？」。

「臺灣」是「主權獨立的國家」；[26] 假如馬英九提議獨立，67%的受訪者表示他們可能會接受；此外，超過半數的受訪者（60%或102位）認為他們在學校學習到的臺灣歷史太少了；[27] 最後，總的來說，認為國民黨的歷史是政治扭曲的人數與不這麼認為的人幾乎一樣多（38.4%比40.8%）。[28] 有幾項跡象顯示或許外省人在理論上已經能夠接受臺灣有權宣稱其為主權獨立的國家，前提是它能維繫與中華文化上的聯繫以及不否認其中華根源，如果由國民黨做出這樣的決議那麼可能性就更高了。

然而，一旦此議題變得政治化，意即離開理論的場域，有些人便會退卻。對多數人而言，理論上民主也許是必要條件，但是事實上我們發現數量更多的人反對（42%）而非贊成（27.2%）這個想法：「能夠接受民主化二十年之後政府逐步抹去戒嚴時期政治社會化運動留下的痕跡之決定。」[29] 用選舉語彙來說，當陳水扁政府決定將學校教科書內的「中國大陸」改為「中國」時，國民黨將此行為稱為「強制執行特殊觀

---

26 第29題：「您認為，臺灣是主權獨立的國家嗎？」。

27 第37題：「您認為，您在中學校有充分學到關於臺灣歷史的知識嗎？」。

28 第38題：「您認為，國民黨過去有基於影響認同的國家認同這樣的理由，因而僵化扭曲臺灣歷史嗎？」。

29 第17題：「您認為，在實施民主二十年之後，政府逐步取消戒嚴時期『全民政治化』所留下來的相關象徵是合理的嗎？」。

點的新戒嚴」。當時有55%的受訪者表示同意國民黨的批評，他們突然遺忘戒嚴時期如何影響臺灣的言論自由。

因此，就臺灣由臺灣人長期領導之接受程度此核心議題而言，我們看到有限的本土化並非令人驚訝的事情，而這表示外省人的本土化是一種「趨向性」——換言之，是趨勢、緊張狀態，並且並非完全的文化適應。為了探究此議題，筆者問了以下問題：「您認為臺灣人當總統是歷史的必然還是政治運作的結果」；這題問題是依續1997年提的一題，即：「您認為本省人於1988年當總統是歷史洪流下的必然嗎？」[30] 引人注意的是認為此結果是政治操弄的人數比例隨著時間大幅增加。1997年，60.1%的受訪者認為李登輝當上總統是由於所謂的「歷史洪流下的必然」，但是到了2007年，只有29%的受訪者持這種意見，也許當時他們想到的是陳水扁。

的確，如同大多數此類之問卷，筆者的兩項調查結果並不相同，而這限制可行的比較。然而，在許多變數上，筆者2007年的問卷調查結果證實並且進一步說明1997年發現的重要現象。似乎有簡易的說明來解釋方才提及的特殊改變。李登輝乃是由蔣經國提名的，儘管一開始外省人非常不信任他，他的提名者總是他的保護者，而必要的時候李登輝也會援引這個事

---

30 第5.1.1題：「您認為七十七年本省人當總統是歷史洪流下的必然發生的嗎？」。

實。此事實減少李受到的抨擊並且可能是1997年時外省人給予正面評價的原因之一。相反地，2000年陳水扁當選是由於國民黨內部分化的結果，外省人將他的當選視為意外，並且只有從選舉票數多寡的角度來看才是「正確的」。陳水扁2004年再度當選時藍營相當懷疑選舉結果，多數外省人深信連任是應該不會發生的，這有可能解釋了2007問卷調查——由本省人領導臺灣是「歷史洪流下的必然」——得到的負面結果。[31]

在二十年的臺灣人領導之臺灣化（*Taiwanization by Taiwanese*）接近尾聲之時，在何種程度上以及有多少外省人依然視國民黨為唯一正當且理所當然的統治者仍然有待商榷。在歷史上的此時，筆者的感覺是許多人依然這麼相信，至少第一代與第二代有此信念，但令人驚訝地有些第三代也抱持這種想法，如同一項研究第三代的初步調查結果指出在馬英九當選總統之後，某些第三代對幾項族群認同議題顯得相當保守（Yin, 2010）。[32] 陳水扁時期時有些外省人可能處在逐漸接受國民黨

---

[31] 由此可知，在外省人眼裡由臺灣人統治臺灣之正當性是複雜的議題，而筆者的問卷裡的此一變數並未完整地分析此議題。筆者於2007年夏天做口頭採訪時，幾位外省人表示臺灣人當總統是「合理的」情況，若非「有正當性的」，至少也是「可以接受的」。筆者做書面採訪時並未直接提到「正當性」的問題，因為擔心這個問題——「您認為臺灣由臺灣人統治是有正當性的嗎？」——可能會阻止許多受訪者填完問卷。不過在問卷上提出來的問題實際上非常接近，但遺憾的是陳水扁2000年當選以及2004年當選連任或許影響了答案。

[32] 王甫昌（1993）於他具有重要影響的本省人與外省人族群通婚之研究

是臺灣理所當然的統治者之概念乃是承襲自他們政治社會化且與民主理念本身對立的過程。然而由於選舉政治、以往的政治社會化以及對彼此的世界觀缺乏相互理解的緣故，僅有少數人能夠真正接受此概念。

概括地說，筆者如此標記陳水扁任期尾聲外省人新的姿態——並且明白這並非代表某些既定比例的臺灣外省人之結果——「我也是臺灣人，臺灣或許確實是我的國家；問題在於泛綠黨派提到這個議題的時刻以及他們的表達方式」。的確，對於幾項重要變數之主要不同意見的說明並未界定典型外省人的樣貌，我們也必須記得單一議題並未形成多數共識：對於任何變數的主要意見皆有相當比例的反對意見，而這反映外省人口在政治意見上的多樣性。如同筆者的博士論文所暗示的（Corcuff, 2000c: 537-615），就政治信念而言，並沒有外省人「共同體」，而且，最終我們可以說他們的價值觀與信念仍然處在演變的過程。「外省人」在臺灣是社會的現實：他們的認同是真實也是剎那的。標示外省人認同的難處正是張茂桂重新編輯外省人學術研究作品集第一本書的前言之主題（張，2010：i-vii）。

裡指出他們的後代能夠較輕易地認同臺灣（而且會講閩南語），但是這並不表示這些人脫離他們外省人父親的政治價值觀。引用自 Chang and Yang（2010, note 72）。

臺灣奇特的後殖民脈絡下之克里奧爾化與中介地帶

外省人在臺灣經歷的認同轉變是最近才發生的，而這與他們內心深處的情感是相反的，並且自前任黨主席李登輝離開國民黨之後便沒有得到國民黨公開的支持。儘管有許多障礙，他們的確適應政治環境的改變。在複雜的地緣政治脈絡下，我們能夠如何解讀外省人在臺灣近代四百年移民歷史的長期範圍裡扮演的角色或地位？

如果我們將外省人與本省人個別視為能夠明確區分並且在某些核心價值觀上為同質的群體，那麼外省人與本省人的區分早已消失，假如這區分曾經存在的話。約在1990年代時，雖然筆者得承認要找出確切的時間點很難，比較難以察覺的裂痕出現了。此新的分裂在1990與2000年代達到高峰，在所謂的兩種「意識」之間能清楚畫出界線：「中國意識」（*Chinese consciousness*）與「臺灣意識」（*Taiwanese consciousness*）。這兩種概念是很有意思的，因為它們能阻止我們掉進沿著理論的或被建構的理想型（*ideal-typical*）的族群界線而將差異本質化的陷阱裡。我們可以將這一對類別視為社會裡分析有關臺灣與中國之關係的歷史、認同、地位，以及歸屬的相反作法。實際上，此對立並未取代外省人與本省人之間的不合，它吸納原有的分

裂。意思是,「意識」的分水嶺超越外省人與本土台灣人之間傳統的族群斷層線,它將原有的分歧邊緣化但卻未完全抹除。為了說明「意識」做為概念的工具之益處,請允許筆者在這裡再次引用先前研究裡試著解釋「意識」的流動性與多元性:

> 這個與族群認同以及臺灣未來之選擇(獨立／統一)有關的概念並未歸結於其中之一;它包含或吸納這兩者。那些人將這個概念稱為「中國意識」對抗「臺灣意識」。此「意識」披上一種意識形態的外衣,而它同時是族群的、文化的與政治的。例如,我們可以說一位臺灣人的中國意識「非常強烈」,但是他／她不一定是外省人。他／她甚至可能不贊成統一(或至少反對不計代價的統一),但是很可能也不贊成獨立。同樣的,某些相當本土化的外省人會明白地拒絕中國政治體制但卻接受未來統一的選項,在這裡這並不矛盾。他們確實認同臺灣,但並未同意臺灣獨立,因為他們的中國意識禁止他們將此視為有正當性或有益的,而這可能意味著無疑地對臺灣一部分人而言,獨立／統一的分界線,如同民意調查裡

的用詞，很少準確地表達出他們真正的想法。懷有濃烈的「中國意識」或「臺灣意識」並未預設一個人是否支持獨立或統一，甚至在族群根源也是如此。因此，「意識」變數，無論是中國或臺灣，其實是比較微妙而且比較不會把現實簡化。一個人可能在日常生活裡認同臺灣，但是由於個人的父母教育以及以往政治社會化的緣故而持續保有濃厚的中國意識。所以，一些講閩南語的臺灣人，或者許多普遍在日常生活裡本土化並且使用閩南語的外省人，在原則上會保持反對獨立且對陳水扁感到全面性的不信任：除了此變數的重要性，很難解釋「意識」的流動性與多元性（Corcuff, 2007）。

舊有族群分界轉變成「意識的分裂」，指涉著在臺灣可見到的一種特殊的外省人現象。隨著明確劃分的外省人族群團體之界線迅速消失，我們可以察覺以往原本國民黨與多數外省人特有的價值觀已經跨越外省族群界線──製造這些價值觀並且促生以國民黨為核心的所謂「藍營」──而且現在此陣營臺灣人的人數比外省人多很多。但是在這之前必須注意的是在此過程中價值觀之文化適應是互相的（reciprocal）。外省人不只將

他們某些政治信仰傳遞給臺灣人，他們的價值觀也配合臺灣不斷變動的事實轉變。因此，他們目前的世界觀絕不是他們父母親價值觀的複印本，所以一般而言外省人已經接受主流臺灣人的意見「無論如何臺灣實質上已經獨立」，而這是十年前許多人會猶豫而不願表態的。無疑地外省人身上標示著朝向臺灣認同的趨向性，但是究竟什麼是趨向性？這個字原來是生物學上用來指稱不能移動的有機生命體，例如植物，受到外界物理或化學因素或刺激，例如光或熱，而產生的一種移動——靠近或遠離。我們可以將這個詞作為社會科學與人文領域的範例嗎？1939年法國作家娜塔莉・薩羅特（Nathalie Sarraute）寫了一本名為《趨向性》（*Tropismes*）的書，當時在巴黎藝文界受到冷淡的對待，只有沙特（Jean-Paul Sartre）給予相當高的評價，但是沙特當時為無名小卒。這本書是一種新體裁：蒐羅日常生活裡的小故事，描述「一般人」微不足道的情感（*minor feelings*），譬如一位迷人可愛的老先生與他的孫子過馬路時擔心意外可能會發生（*may happen*）以免一輛車突然出現。這本書標記薩羅特開始透過文學探索人類內心的感受以及我們腦內微不足道情感的誕生。在1956年另一本書的前言，薩羅特定義她提及的趨向性概念，而這也吸引一些人的注意。她説「趨向性」是：

沿著我們意識的邊緣迅速滑動而難以說明的移動，從那之中衍生出我們的姿態、言語以及我們表現出來的情感，我們相信我們正在經歷那樣的情感而且那是可以解釋的。我認為，並且依然如此認為，正是這些移動構成我們存在的秘密來源。[33]

　　無論是否能夠說明──薩羅特關於這點的猶豫不決（甚至是不精確）向我們展示什麼（感覺、認同、意見）使得一位外省人為外省人之曖昧不清──根據薩羅特的說法，這些情感位於「意識的邊緣」（*borders of consciousness*），在被主體辨識或承認的邊緣。研究臺灣的外省人時，我們不得不從趨向性找到靈感。「它們是我所有的書裡活躍的物質」，她有一次這麼宣稱。[34]

---

[33] 法文的原文為：《*Ce sont des mouvements indéfinissables, qui glissent très rapidement aux limites de notre conscience; ils sont à l'origine de nos gestes, de nos paroles, des sentiments que nous manifestons, que nous croyons éprouver et qu'il est possible de définir. Ils me paraissaient et me paraissent encore constituer la source secrète de notre existence*》在 *L'ère du soupçon* 的前言，（Sarraute, 1956），重印於 Sarraute（1996: 1153-4）。

[34] 在《Conversation avec Serge Fauchereau et Jean Restat》*Diagraphe*, 1984（32）: 9, quoted by Valérie Minogue,《Note》about *Tropismes*（*Sarraute* 1996: 1719）。

依據筆者1997年與2007年問卷變數的幾項發現，臺灣的外省人似乎常常游移於他們認同的清晰與不清晰的意識之間。這是由於認同是被建構的、會轉變的而且是多元的，並且因為在臺灣的認同政治與民主遊戲裡認同往往已被政治化。不斷探索他們的限制時，有些人似乎好奇界線的後方有什麼，但是就在這些內心深處的感覺到達他們意識的邊緣時——或者就在他們即將完全認知到時——許多人很快地後退。這也許是因為觸摸光源會導致燙傷……或者因為當有人告訴你會燙到時，你便會覺得好像真的會燙到。

　　「臺灣趨向性」的概念讓「外省人的本土化」有了以下意義：它是外省人有意識與／或無意識地使自身適應社會文化的過程，方法是藉著採用部分與以往國民黨政府建立與保有的核心習慣或價值觀相當不同的風俗習慣、慣用語，以及想法，那些原本是臺灣人才有的風俗習慣、語言與想法。它是外省人有意識與／或無意識地將臺灣視為可能的認同對象，視為次國家、準國家或國家地位的對象。若干人體驗到這種趨向性，有些人察覺到；這是一種內心深處的演變以及他人給予的特徵。

　　2008年之前，正是國民黨不再制定臺灣政治議程之時，如果它沒有定期地重造與保有跟民進黨的差異，它很有可能會失去重要選民的支持。如同孚列惝克‧巴斯與他的同事們在研究

族群邊界（*ethnic boundaries*）時所指出的（Barth, 1969），那是對於文化差異有意識以及刻意的管控——在這裡指的是為了政治目的（在之後的研究裡，巴斯認為除了認同創造者之外，政府行政機構有時候確實在「官僚機構裡」扮演形塑認同的主要角色，如 Barth, 1994）。即使李登輝領導的國民黨已經大幅度本土化，它也必須強調，並且在某種程度上發明其與可能危害國民黨在臺灣政壇霸權之反對黨的差異。這是在這個意義上臺灣的外省人必須在沒有陪同的「過渡儀式」的協助下通過他們的中介時期以及走過他們的中介地帶經驗。

外省人的臺灣趨向性通常被視為「土著化」的過程。筆者認為這並未完全呈現外省人以及臺灣人相互調適與群體文化變化（*acculturation*）的事實，也沒有說明對牽涉的人口而言此對稱的移動帶來的不同結果，與「原來的」外省人以及臺灣人認同有何差異。我們可以將外省人的土著化視為依然在發展的「混雜」（*creolization*）過程，在混亂的後殖民脈絡下由名為認同政治之鼓動而使得前殖民地之少數群體不得不經歷的過程——這是臺灣族群上焦慮不安的民主直接導致的結果。為什麼外省人認同旅程為「後殖民」？統治臺灣的精英是來自海外的少數群體、他們雖然在文化、語言與族群上與被統治的多數人相近，但卻不一樣；而這些統治者失去對多數人的統治權並且他們的世界觀已經不再是主流政治標準，至少在筆

者這裡討論的時期（到2008年之前），因此類似後殖民狀態。所以臺灣第二代與第三代外省人能夠被看作「克里奧爾人」（*creole*）——這個詞原本用來稱呼美洲的歐洲移民在當地出生的後裔[35]——他們在臺灣這座境外的海島出生且有著中國大陸來的父母親，依然不全然視自己為臺灣人（Chang, 2006; Shen, 2010, 被引用於 Chang & Yang, 2010）。若從史國良與張茂桂所說的外省人「離散認同」角度來看，可以提出的問題為以下這兩塊領土哪一塊才是另一塊的境外：臺灣，一座遠離中國的小島；還是中國與亞洲大陸，由海洋分隔著外省人居住的臺灣？

　　年輕的外省人經歷的混雜化時刻便是一種人類學家范·吉內普（之後為特納）稱之為兩種狀態之間的「中介地帶性」（*liminalité/ liminality*），但是就如先前已提到的，可能並未有理應引導他們通過旅程的「過渡儀式」。確實，就如班納迪克·安德森（Benedict Anderson）所描述的，美洲的克里奧爾人與臺灣的外省人之間存在許多差異。舉例來說，後者與原生祖國最終統一的傾向並非克里奧爾人所持有的態度，至少領導美國革命的那些人並不想與祖國統一。

　　外省人對臺灣的認同以及對中國漸增的不信任說明他們經歷對原生國家疏離的過程，始於李登輝總統1990年初期開始

---

35 見安德森的 "Creole Pioneers" 一章，在 Anderson 1991: 47-65。

的去殖民進程，或者始於稍早的蔣經國總統時期。在某種方面，國民黨於2008年重新掌權並未改變這種趨勢，也未標示回到過去的狀態，因為國民黨已經無法以獨霸政黨之姿統治臺灣，儘管有些人明顯地抱持這種希望。它實質上主要不再由外省人組成，而且受制於民主與法治——有著政黨輪替會再發生的可能性。軍隊、行政組織以及也許包括媒體已不再由國民黨像以往那樣掌控。此外，眾所周知的，許多政治符碼已經臺灣化。無論如何，只要中國持續否認臺灣主權的存在，依據中國語彙的統一就很難在臺灣選舉市場兜售，這使得親中的國民黨難以拓展肯定會惹惱大多數選民的計畫。所以國民黨的統治不得不優先考慮臺灣人的利益，這使得國民黨與追求兩岸統一之理想並不一致。馬英九總統在2009與2010年推行兩岸經濟合作架構協議時便面臨這種困境。截至目前為止，後殖民的架構顯然地仍然有效。不過有趣的特殊情況是前殖民黨派現在重新執政。這種情形怎麼會發生？因為1949年時，統治臺灣的政權（中華民國）在1945年開始殖民這座島幾年後，在它殖民的那塊領土上重新自我定位。這是與其他殖民經驗相當不同的狀況。在此後殖民過程中，國民黨重新執政前的最後一段時間，是臺灣認同政治驚人發展的時期：當民進黨掌握總統職位時，國民黨還保有立法院多數席次，在2000年至2008年的八年間，前殖民黨派也盡力反對後殖民時期中新竄起的本土政權提

出的政策。

　　對臺灣的外省人而言，國家早已不再令人著迷。無法保證他們的國家（中國或中華民國或作為／不作為中國的一部分的臺灣）就在他們所想的或希望之處，而且無法確定他們渴望歸屬的國家今後會持續存在，甚至今日是否還存在。外省人逐漸增加的務實考量——由朝向統一之可行性與實用性之現實控制——直到陳水扁總統任期尾聲似乎一直是明顯的趨勢。這對國民黨內那些反對與民進黨共同建立命運共同體——依據臺灣國家而不是中華國家——的人來說是重大的選舉危機。筆者之前出版的文章提到2004年總統大選時藍營的「危機意識」（*crisis mentality*），國民黨外省人對執政的民進黨猛烈攻擊背後的重要因素可能是一般外省人已經對與中國統一此目標越來越疏離的趨勢。對他們而言不計代價減緩與中國以及他們「最核心的」選民——外省人——疏離的過程是政治存活的問題。[36]如果外省人沒有被定期地再教導以下觀念：本省籍政治人物獨佔臺灣經濟、他們不斷提起族群議題分裂臺灣群眾、他們並未真正想要將外省人包含入任何能夠被創造的新政體、當我們看到臺灣試著提倡新的臺灣國時陳水扁有多麼好戰，那麼他們也許會採取另一種看待事情的方式，而這個方式並不符合國民黨保護未來統一的可能性。而另一種看待事情的角度是：無論中

---

[36] Corcuff, 2007: 199-220。

國的歷史與文化有多麼輝煌，目前它拒絕接受民主統治以及臺灣多數人的看法，而臺灣多數人強烈地反對以可議的血濃於水的原因與中國統一。事實上，這比聲稱的臺灣領導人「挑釁中國」更是能夠解釋引起臺灣海峽糾紛的緣故。

筆者2007年的問卷為研究這個問題提供一些有用的資料。回答下列問題時「假使臺灣多數人民以民主的方式表示支持臺灣宣布獨立，那麼，您在暫且不必要顧慮中國有任何反應的情況之下，會支持多數人的選擇嗎？」支持的外省人（43.8%）比反對的外省人（39%）多。年輕一輩的比例更高，有49%的人贊成，32%的人反對。為了確定「中國因素」並不具說服力，問卷再次提到：「假使中國不接受多數臺灣人這個以民主方式所作的選擇，但是只在口頭上反應，暫時並沒有對臺灣宣戰的跡象，那麼，您會支持上述多數人的選擇嗎？」支持的外省人稍微下降至36.7%，少於反對的人（44.3%）。然而，這只適用於老一輩外省人，年輕一代對這個選擇剛好分成相等的比例，各佔39%。

此結果有助於確認以往社會化的影響正在減弱而且中國的威脅仍然影響外省人的立場，而這並不難理解。中國的威脅扮演主要的角色，無論此因素與平常列入考量理解國族認同的要素比較可能多麼有「軍事」與「地緣政治」的色彩；若非影響認同本身，至少影響與國家認同有關的政治立場，甚至讓我們

在想臺灣地緣政治的情況（怕中國的這個因素）到底是不是最終形塑國家認同的因素，特別是上述提到「剎那意識」的脈絡下。儘管軍事威脅與國家認同這兩個因素能夠被視為屬於不同的領域——前者要求對政治情勢的理性評估，後者是關於人對不同的潛在的認同選項（*potential objects of identification*）會有的內在且非理性的感受——它們卻會互相影響。對國家認同的研究者而言，臺灣的情況說明認同很容易地受到感知、政治辯論、地緣政治、恐懼感等因素的影響。這些會扭曲認同的幾項因素可以與人們擁有對他們出生、成長、喜愛與死亡的土地之自然感情共存。人們不必然意識到他們自己的信念有多麼脆弱，以及它們如何會受到這麼多因素的影響。

連結國家認同、選舉政治與兩岸地緣政治的研究

筆者在2007年蒐集的數據與其分析似乎顯示，排除國內政治與兩岸地緣政治因素這些阻擋認同臺灣的壓力時，臺灣外省人可以同意與中國統一在理論上並非維持良好的兩岸關係的唯一條件，並且臺灣海峽不安定的主因並非來自臺灣要求中華民國主權身分被承認，而是因為中國拒絕接受中華民國存在的事實。我們在地緣政治學中所稱呼為「收復民族主義」

（*irredentism*）使中華人民共和國拒絕正視具體的世界，並承認臺灣（或更精確地說，中華民國）是一個它不統治的主權政體。換言之，有臺灣分裂主義的問題還是中國收復民族失地主義的問題？[37]臺灣與中國理論上可以鄰居之姿和平共處、密集合作，但是中國不願意接受此解決方案，而這正是問題所在。在他們尚未完成的土著化過程中，不少外省人開始從這個角度詮釋兩岸關係。明顯的是這也總是與具體的地緣政治狀況（當前臺海在軍事方面兩岸的不平等）有衝突的。

假使所有外省人都這麼想，這也許會讓追求終極統一的國民黨難以生存，因為即便外省人不投給民進黨，也會想投給一個對臺灣主權不會妥協、對臺灣認同保持曖昧態度但卻更溫和，更重視臺灣的國民黨。這樣的轉變意味著大部份國民黨外省政治精英政治生命的結束，至少對那些仍把偉大中國當做他們唯一可能的故鄉的人來說正是如此。當然，他們的焦慮不只是大中國意識形態的存亡，而是更直接地關係到他們自身的政治地位。本文關注的外省人世代是第二代：基於一個純粹的年齡結構問題，我們可以說陳水扁的執政期剛好與這些50至60歲的政治人物政治生涯的巔峰同時。從他們父母繼承臺灣幾乎屬

---

37 從歷史上最有名之一的收復民族失地實例來判斷——不列顛在金雀花王朝（Plantagenêts）統治時的主張延續到都鐸王朝（Tudors）以及之後的朝代——這般主張或許會持續很久的時間。

於中國國民黨黨產或國民黨是臺灣唯一正當的統治者的深層認知後，外省籍政治人物認為理應獲得的政治權力在生命最重要的時刻被剝奪。我們並不難發覺他們突然變成反對黨與他們藉由發動猛烈攻訐──透過對政策、價值，甚至對李登輝和陳水扁的個人批評以及對一般綠營無差別的攻擊──所達成的象徵性暴力之間的明顯關係。

在李登輝與陳水扁執政時，臺灣未能啟動一個完整的「除垢」（*lustration*）運動（Wu, 2005），而且關於過去的討論仍被多數外省人視為有政治動機而非誠懇療癒歷史傷口的表示，而這便是跨社群在敏感議題上對話困難的原因之一。以南非族群仇恨的永久性為例，不同族群身上累積幾十年的世界觀和語言等問題，使人不禁懷疑短暫幾年間除垢政策是否真的有效？然而，由於欠缺完善的除垢政策，陳水扁執政末期時，有些人以為外省人會什麼都反對，但實際上一般外省人卻幾近可以接受一些象徵性符碼變更；只是，如同前文已提及的，當他們認為某些變更有明顯的政治操弄時他們的立場會趨向保守，這是因為他們漸增的臺灣務實考量很明顯地與政治修辭（政治策略）與過往的政治社會化經驗牴觸。

時至今日，儘管尚有爭議，目前「國家」這個組織已被證明為統治人類多元性、經營人口經濟需求，以及符合人類基本群體認同需求的重要工具。然而，在後國家的世界裡，由於全

球化的最新階段（在其他因素之外，將小於或大於國家的實體或群體視為潛在的認同選項），挑戰著國家作為當代認同核心出處的優越地位，國家的建構本質變得更明顯。臺灣也不例外，並有以下特點：它傾向於自前國家階段（意指在其近代歷史後殖民階段裡，一個「臺灣國」從未正式出現）直接轉移至後國家階段（臺灣極度地全球化，主權政體甚至是國家地位並未被承認，但卻完全獨立於任何其他國家），而沒有適切地經歷國家階段。在某種意義上，臺灣的特殊經驗指出，在此歷史時期，一國的瓦解可能比其建立所花費幾世紀或幾十年的時間還要短許多。臺灣的經驗並且突顯出，假若國家仍是必要的，認同可以多麼靈活與易變。就臺灣的情況而言，將來一個臺灣自治身分的歷史回頭（*historical U-turn*）以及中國現在的全球實力與在世界舞台上的影響力之再起是否可能同時發生，進而迅速地摧毀幾十年來臺灣化之下促成的外省人與其他臺灣人的臺灣趨向性？臺灣島嶼很可能從來都不是一座跟世界其他地方沒有關係的島嶼，現在更不是，而本文所研究的時期——陳水扁總統執政末年之外省人的國家認同模式——隨著馬英九當選而終結。繼之而起的不只是外省人之自信一定程度的回復，兩岸再度興起的交流也由此鋪路，而這轉變徹底改變我們這些臺灣專家截至目前為止試圖評估的臺灣認同框架。

歷史性比較地緣政治學的觀點

台海歷史，認同政治與
地緣政治的三角關係

4

歷史參與我們現代的辯論：The Presence of the Past

　　魯伯梅鐸（Rupert Murdoch）的衛視中文台於2001年10月22日開始播放五十集古裝大戲《康熙帝國》，其中有十八集討論的主題對臺灣是相當敏感的：提督大將軍施琅在1683年攻擊臺灣，使得反清的鄭氏島嶼政權不得不向清廷臣服。[1] 在新聞局開放大陸製的戲劇在臺播放後沒幾年的時間，對臺灣而言這是一件大事。[2] 最重要的，這是發生在支持獨立的陳水扁當上中華民國總統一年半後。對反對統一的臺灣人來說——當時大約占70%[3]——這聽起來像是明確的警告與痛苦的經驗。歷

1　中國的中央電視台於同一年的 12 月開始播放這一齣戲，雖然總集數縮減至 46 集，但是關於臺灣的那 18 集全都被保留。相關爭論請參考《聯合知識庫》www.udndata.com：2001 年 10 月 22 日，〈康熙帝國今晚駕臨衛視〉；2001 年 10 月 22 日，〈康熙帝國攻打臺灣惹關注〉；2001 年 10 月 25 日，〈康熙攻打台灣劇情一刀不剪〉；2002 年 1 月 12 日〈下週一搶播「康熙帝國」中視、衛視不相讓〉。

2　1996 年 2 月 7 日，新聞局發表〈台灣地區大眾傳播事業赴大陸地區採訪拍片製作節目管理辦法〉的修正案，允許臺灣的有線電視播放大陸製的戲劇。請見 1996 年 2 月 7 日《聯合報》第 1 版。

3　根據行政院大陸委員會統計與發布的資料，那一年反對統一的人數總共佔 70.2%，隔年的 2 月更攀升至 71%。第一個數目是加上偏好以下兩種選擇的回應者加以計算的結果：「維持現狀以後再決定」與「永遠維持現狀」（53.6%），以及「支持獨立」（立刻或逐漸）。第二個數目是藉著相加選擇以下四種選項的回應者：「永遠維持現狀」、「維持現狀以後再決定」、「維持現狀再選擇獨立」，與「盡快宣布

史似乎在敲警鐘，因此忐忑不安的觀眾不少。隔年初中視買下《康熙帝國》的版權並且開始在其頻道播放，當時正在爭論播放中國歷史戲劇的機會，因為這些戲被視為帶著宣傳意圖而簡化歷史。十年後，在下的一位受訪者，一位四十幾歲的第二代半外省人依然清楚地記得他的感覺：「我有感觸，以為這個歷史有點類似」。[4]

2008年1月，陳總統任期的末期以及總統大選活動如火如荼展開之際，網路部落格因為中國將其第一架航空母艦「瓦良格」（The Varyag）更名為「施琅号」而騷動不安，據說這艘航空母艦將在2010至2012年之間完成，這是 *Jane's Fighting Ships* 年度報告發出的訊息。[5] 中國直接向烏克蘭購買庫茲涅佐夫上將級（Admiral Kuznetsov-class）的航空母艦，它建於1985至1988年間，但是並未完工。由於這個議題的敏感度，可靠的消息來源並不多。一開始有人認為這艘船會成為在澳門的水上漂浮賭場，但是之後確認由大連的中國人民解放軍海軍重新修建。在網路上眾多的評論中，一位來自「內蒙古」的部落客的文章值得一提：公開地支持國民黨，那位作者表示將「瓦良格」改名為「施琅」是「不恰當的」，因為這可能傷到臺灣

獨立」（可以在大陸委員會的網站找到這些資料）。

4 2011 年 6 月訪談一位中研院有外省父母的同事。

5 見《詹氏全球戰艦》2007 至 2008 的年度報告第 31 頁。相關的報到並未提及確切的消息來源。

人而使得統一變得更困難。他提議以「鄭成功」命名。[6] 無疑地，鄭成功是比較政治正確的人物，在歷史裡他於1661年「解放」被荷蘭人「佔領」的臺灣——即使那時候臺灣並非中國的一部分。另一方面，施琅是一位有二心的英雄：他降服鄭氏王朝，但卻是明鄭的叛逃者；鄭成功卻完全將自己奉獻於恢復明朝統治，儘管他是鄭芝龍的日籍妻子所生。關於命名「瓦良格」的爭議很快地就被其他議題取代，但在兩年多之後，也就是2011年4月謠言再度浮現，因為修復工程即將完成。航空母艦完工的時間與臺灣總統大選正式開始的時間同時並不令人訝異。臺灣主要的兩個政黨已經在提名總統候選人，假如中國政府刻意在此時釋放消息以探測反應，那麼這是絕佳的時機，而且不需要公開這麼做：謠言本身就已能夠有效地試探臺灣人的反應了。2011年5月4日，中國的国务院台湾办公室發言人否認中國政府要將航空母艦命名為「施琅号」。[7]

儘管馬英九總統的團隊努力展現他對臺灣的關切，臺灣社會對馬英九的承諾缺乏信心的感覺並不會停止（見第二章）。由於馬總統被反對黨視為有可能對臺灣的主權妥協，在

---

6 見俗人愚夫、本名王沛山於 2008 年 1 月 22 日以簡體中文發表的〈首艘航母命名施琅号实在不妥〉，此文現在可以在臺灣繁體中文的網頁看到 http://wangshun.blog.hexun.com.tw/16580954d.html。這是中國與臺灣間一種有趣的網路內容遷移…

7 2011 年 5 月 5 日《中國時報》。

中國的国台办否認「施琅号」謠傳幾天後，臺灣主要的「綠色」中文報紙《自由時報》刊登一篇針對馬英九的諷刺社論：「台灣有這樣的領導人，中國哪裡還需要施琅？」[8] 這種情況顯示出馬英九先生的政策造成民眾的不信任，無論這種疑慮是否合理。不過這裡使筆者感興趣的是報紙對於以前與現在做出的比較，因為這再次展現歷史的確一直參與臺灣當代的政治辯論，對「藍綠」雙方來說都是如此。

　　無論要從過去找到未來可能會發生之事的指引有多麼困難，17世紀晚期臺灣海峽事件的分析聽起來可能像過去深淵裡發出的警告，提醒我們注意21世紀初中國對國民黨新的友好表示。原本是中國共產党的敵人，近年來國民黨已經大幅改變它與中國的關係，尤其是自2005年國民黨榮譽主席以及親民黨主席到中國從事官方任務後（見第二章）。這位五十年後第一位踏上中國土地的國民黨主席受到共產黨的熱烈歡迎。不久後宋楚瑜也前往中國。國民黨於2008年重新掌權後，一連串與中國的協議已把臺灣帶進新的歷史軌道。雖然1680年代晚期的歷史情況與2010年代早期有許多方面並不相同，但是臺灣島嶼政權面對復興中的中國而產生的立場劇烈轉變在地緣政治方面的結構與邏輯事實上是相當雷同的。

　　《康熙帝國》的播映或「瓦良格號」之所以引起人們焦慮

的原因與脈絡，在於臺灣人民對鄭氏1683年降清的歷史背景僅有基本或只少部份的了解。以下我們將會討論比較1683年鄭氏政權為其投降所做的「論述上的協商」是否可以帶給當代海峽兩岸的政治任何有趣的歷史迴響。筆者從第一章開始討論的「論述上的協商」指的是鄭氏王朝在幾十年反抗清朝後要為他們的歸降找出合乎邏輯的辯解。換句話說，他們採用了什麼樣的邏輯與動員了何種價值觀來正當化他們立場上180度的轉變？此處值得研究的是，歷史事件是如何參與我們現代的辯論以及各方對於歷史迴異且相互競爭的闡述。面對兩個要比較的不同時代時，研究者必須對於兩個時代個別的價值觀與世界觀作理性探究，從而幫助我們更有系統地了解此研究對象。

在花了四代抵抗清朝後，鄭氏政權啟動協商的迴轉，他們向清朝臣服，讚美康熙的偉大。上述的改變肇因為何？而鄭氏又如何設法至少保留他們的性命、卻沒辦法保全他們的王國？1683年與1684年發生的事件，從宏觀的角度有同樣的地緣政治邏輯，但當時與現在兩個時代的情況也有很多的差異。也許回顧歷史是有益的，但是否有任何的科學方法讓我們來比較今日在臺灣的國民黨與當時的後明鄭時代？從地緣政治的角度解讀鄭克塽給康熙皇帝的第一封歸降表會顯出一項新的意義，能夠說明「跨」或「結合」歷史學與地緣政治學兩種研究方法的有益之處。

Agreeing not to disagree

　　此文裡有兩股中國力量在對話：在這裡鄭克塽回應大將軍施琅要求其投降，所以兩邊的各自邏輯與議程都可以在同一個文件裡讀到。鄭德瀟使用的推論指出兩股勢力──一個大陸一個島嶼，但後者也是來自大陸的──在認同、國家、領土，以及「臺灣」與「中國」這兩個地方有何異同；雖然兩個時代有所差異，但是否足以預示近代的地緣政治議題？

　　地緣政治意義上的僵局或衝突的死局之特徵是意見不一，而要共存及合作的努力則是基於同意雙方意見可以不一致──彼此共同認知到雙方必須同意另一方有權利提出不同意見，這項概念體現於以公平競爭與相互尊重為特色的「價值觀與榮譽準則」。但是，導致清朝於1683年對澎湖發動最終攻擊、鄭氏王朝放棄嘗試拯救其政體，以及他們最後無條件投降的這個脈絡與上述意見得不一致的情況是完全不同的。當時的特點是雙方權力不對稱，鄭氏王朝默許的價值是同意不再持反對意見。島嶼政權有意選擇不考慮奮戰至死的選項，而這項決定則攸關政權的生存與其統治者之顏面，而不再是一個純屬軍事領域的決定。東寧國國印與明鄭大臣馮錫範與軍事將領劉國軒的官章送交給清廷。[9] 鄭克塽的生命被赦免，並受封爵

9　第二封降表如是：茲特繕具本章，并延平印一顆、冊一副及武平候臣

位，但該爵位是非世襲且不重要的，也失去東寧國與他的統治權。

　　中国共产党提出的「一国两制」模式據稱會給臺灣相當大的自主權，但是必須放棄中華民國並且接受被納入中华人民共和国的版圖。儘管相隔幾世紀，這兩種狀況卻説明一種悖論。中國政治文化同時包含封建元素：假定一種政治力量無法與敵對的力量共存，所以必須無情地摧毀敵對勢力象徵性的存在；以及相反的元素：只要統一與和諧（或1683年投降書裡所提及的「一體」及「大同」）能受到尊重──無論有多麼虛假──，共存的模式下就能有彈性。這個看似矛盾的説法説明的是，存在並實行於西方民主模型中的尊重、接受與包容異己的這個基本民主原則，在中華傳統政治文化當中並非完全不存在。臺灣的民主以及公民社會是1680年代與2010年代兩者之間就地緣政治看來最重要的差異之一。當時，鄭克塽與他的大臣商討是否要放棄作戰並向中國的新領導者臣服之前，不須先考慮到一個「公民社會」。因此當前臺灣在野黨的恐懼是：目前存在並抵抗中國壓力的臺灣公民社會是否有可能會慢慢地被削減，以便緩和臺灣民眾針對復興中的中國所提出的「一国两

劉國軒印一顆、忠誠伯臣馮錫範印一顆、敬遣副使劉國昌、馮錫韓齎赴軍前繳奏謹籍土地人民待命上，數千里之封疆悉歸土宇，百餘萬之戶口並屬版圖。

制」提議而引起的反彈聲浪。在「一国两制」的模型下，中國願意給予臺灣獨特的政治制度，使臺灣得以保留其軍隊，但是沒有中華民國或臺灣的「總統」、「護照」或「大使館」等。不過，無論這些現代的恐懼是否為有先見之明或不切實際，我們將來才會知道，也都不是這本書的主題。

　　鄭氏政權協議要投降的那一派正是先前認為要繼續反抗清朝的那一方，這裡有矛盾之處嗎？如果我們從共享的基礎政治文化的觀點、意即滿人到了中原之後很快地採用漢人的制度，那麼可能就沒有矛盾了。對北京而言，最重要的是鄭氏王朝承認其最高權威；對鄭氏王朝而言，則是在避免失去顏面的情況下降清。但要達成這種目的有兩個條件，其一為鄭方假意承認清方係天命所歸，而他們如今是「真正的中國」；其二為清方假意相信鄭方的誠意。雙方皆明白彼此都在作戲，但至少他們分享一項共同的價值觀：落敗的一方要回歸祖國；也就是投降書裡所言的「依魚自適性於淵泓」。這提醒我們自從21世紀初臺灣的國民黨對中华人民共和国立場的轉變其背後複雜的原因：不只是臺灣海峽兩岸漸增的勢力失衡；不只是個人祖籍抹滅不去的吸引力（儘管那是理想化的）；更是認為今日的中共已不是昔日的中共，並接受中共已經成為萬世中國不可否認的統治者，它掌控著一個正在成為全球強權的國家的命運。筆者先前提到「島嶼政權有意選擇不考慮奮戰至死的選項，而

這項決定則攸關政權的生存與其統治者之顏面，而不再是一個純屬軍事領域的決定」。最終，被選擇的是一個政治的決定，而這項決定承認了臺灣的弱勢地位。如同前述說明的，這或許就是馬英九擔任總統時那些反對與中國協商並表達恐懼的抗議民眾所擔心會發生的事。例如在2009年12月最後一輪的重慶協商前，臺中市反對陈云林訪臺的抗議民眾所使用的口號：

圖片由筆者2009年12月於臺中拍攝。

這些口號幽默地表示拒絕坐視國民黨在沒有獲得公民社會、選民或立法院的認可下與共產黨共謀決定臺灣的未來。一則以英文書寫的口號（同時也有以中文書寫的同義標語）明確地要「警告」世界：「反對密談 — *No Secret Talks!*」。

當代爭議的起源？

在17世紀的脈絡下提及「統一」、「本土化」、「邊緣性」vs.「閾境性」會是個時代錯誤，甚至可能有些執拗，但卻是有益的智識行動。在此並未嘗試指出當時這些字或概念已經存在；相反的，我們要試著理解在何種程度上當時產生的概念、脈絡與權力競爭（法文中所稱的 « rapport de forces »）是如何啟動了臺灣海峽四百年來的地緣政治史發展進程：就長期歷史的史觀角度（Fernand Braudel的 « longue durée »）來看，幾世紀以來不同的大陸政權對臺灣的認知隨著時間改變而益發「複雜化」，或可能會存在的慣性或者重複發生的現象（*historical constants*）。

一個來自大陸的島嶼政權最終都要回歸大陸嗎？這個問題在臺灣海峽的歷史是一再出現而且可能成為慣例（*paradigm*）。當被擊潰的事實變得明顯時，這的確是鄭氏王朝做的決定。清朝最後一位臺灣巡撫唐景崧（1841-1903）在1895年也做出類似的決定，他接受臺灣民主國的總統職位——建立於1895年5月23日，而同年的4月17日清朝依據馬關條約將臺灣與澎湖割讓給日本——但這是在他確認清朝政府所有的白銀都已運回大陸後才這麼做。臺灣民主國很快就亡國，而大陸

的黑旗軍很不名譽地在逃離臺灣前洗劫台北。[10] 或許就是這段對於激進的臺獨人士而言依然歷歷在目的過往記憶，使得他們對馬英九的親中政策深感不安而問出以下問題：假如中國收回臺灣的話，它真的會關心這塊土地嗎？這座島上的任何人能夠期望一個大陸政權以臺灣的利益為主來治理臺灣嗎？換句話說，誰能肯定一個大陸的政權能擁有一個「島性」的眼光來評估臺灣的利益何在？如果它有這個能力，那麼，地緣政治學根本不需要歸納文化、認知、價值與心理這些新的研究方向用以分析一個地緣政治的情況。

鄭克塽在第一封歸降表的結尾清楚的宣布他們想要回去，以免他們無法保全東寧國。然而，要從這封降表嗅出一絲異議是有可能的，該異議代表著中心觀點的另一種選擇，在帝國邊緣出現的：一個「閾境性」的觀點——*a liminal point of view*。來自大陸的鄭經，他不斷地在大陸與島嶼之間猶豫不決，一方面征戰滿族，一方面開發這座島，與他的宰相陳永華一起在這座島設立漢人制度。降書有著鄭氏王朝兩派勢力拉鋸的兩種面向：將臺灣發展為海洋中的新中國的核心——這是陳永華派的立場，對鄭經也很有吸引力；或與他們認為沒有繼承大統之正當性的滿族繼續在大陸對抗——這是馮錫範派的立場，也是鄭經的標準動機。早期本土化的趨向性可能在此可以

---

10 見 Morris, 2002: 頁 13-14, 17。

找到迴響；第一封降表提到：「臣祖成功，蓽路以闢東土；臣父經，靺韋而雜文身」，這是在將臺灣視為待開墾的邊境，與視之為一個一有機會就要離開的蠻荒之地（「寧敢負固重險，自擬夜郎？」）之間的猶豫，我們可以在鄭克塽的第一封降表中找到同時包含這兩種元素的表述。

　　鄭克塽的第一封歸降書依然帶有微弱的異議，那時他希望可以保留他的王朝。顯然衛思韓也有類似的看法，他表示：「鄭經……似乎已經準備好以類似朝鮮的朝貢國身分承認中國的宗主權」。[11] 東寧國提出的這種替代選項（*alternative choice*），就是臺灣相對於中國的闕境地位而產生之替代的論述（*alternative discourse*）最早的例子。這裡確實很難談論臺灣本土化早期的形式，因為鄭氏家族明確地自認為是明朝的繼承人，並且有盡力保留中華傳統的使命。然而這卻牴觸中華政治文化裡一統的重要性，如同14世紀的《三國演義》開頭第一句話所示：「話說天下大勢，分久必合，合久必分」──在統一的時候害怕分裂，分裂被視為遲早必須解決的問題。儘管鄭氏是海外的王朝，他們持續反抗滿族的舉動清楚地破壞了平息三藩之亂後穩固建立的秩序，於是清廷感到他們統治的正當性不被承認。此外，就長遠的眼光來看，在如此靠近中國的地方建立長久且獨立的中華海外政體是很難被容忍的。擊敗鄭王朝與

---

11 見 Willis, 2007: 頁 97。

綏靖臺灣之後，臺灣的漢人必須撤回大陸，或者大陸必須能夠控制他們。衛思韓暗示性地與當代作比較，他指出滿族人拒絕「一帝兩制」的想法（*"one empire, two systems"*）（前述書）。

　　在統一與本土化、回鄉與永久定居這些不同選項之間的猶豫將會對臺灣海峽兩岸關係的未來發展產生深遠的影響，如同自20世紀中期迄今，國民黨必須先面對「亡國」的羞辱，而今更需要適應中國復興的微妙局勢。1683年臺灣的統治者最終在面對一個強大許多的中國時選擇不再猶豫，決定停止戰鬥並且接受核心的絕對權力（拉丁文中的 *imperium*）。

臺灣海峽的誕生

　　儘管1603年西班牙人在馬尼拉屠殺中國移民時，明朝官員以移民係自願選擇離開中國為理由僅給予形式上的關切。[12] 但是1661-1683年第一次臺海危機結束後，臺灣這個靠近中國的地方已經成為一個地緣政治主體（*a geopolitical object*），同時也存在著一個新的漢人移民社會，大批中國人民社群的存在使得

---

12 另一個屠殺發生的原因為當地僑領反抗西班牙統治的意圖不慎暴露。
　　見 Borao, José Eugenio, "The massacre of 1603: Chinese perception of the Spaniards in the Philippines", *Itinerario*, 23（1）, 1998, 頁 11。

清廷考慮是否將臺灣收入版圖。1683年末至1684年中，當清廷煩惱該保留或放棄臺灣時，提出的論點包括如果放棄臺灣就必須撤離那裡的漢人，或佔領臺灣並使其成為帝國領土的必要性。由於沒有成功獲得康熙應允將臺灣出售給荷屬或英屬東印度公司，施琅個人也無法獨佔與其通商的權利（因為他們表示對臺灣已經沒有興趣），[13] 施琅最終回到與先前他在1668年間寫給康熙的一本奏摺中所提出的建議相當類似的想法：假如沒有受到大陸的控管，臺灣有可能再度成為反清份子的基地——此看法出現於由其在1684年2月7日所著之知名的〈恭陳臺灣棄留疏〉。[14] 此外，施琅提議新的論點：由鄭氏家族領導，一個海外的獨立華人之國已然建立，導致情勢緊張與軍事活動。雖然施琅沒有明白指出中國無法容忍一個如此靠近大陸的海外中國社群，他的論點卻如此暗示。[15] 作為地緣政治主體的臺灣海峽就此而生。

　　然而相較於臺灣海峽而言，當時的臺灣島既非國家也非地

---

13 鄭，2010。

14 12月22日。

15 施琅在請願書的第一段，缺乏歷史正確地，指出當鄭芝龍與荷蘭人開始將臺灣作為貿易地時，當地「已不下萬人」，而「中國之民潛至」臺灣。他提醒皇帝臺灣「未入版圖也」，而且荷蘭人已經成立一個「海外之國」。因此小型的海外中國政權之概念清楚地浮現，進而演變至新的滿族王朝是否接受其存在的問題。施琅還強調事態已經發展至「漸作邊患」。

緣政治上的主體。在這個區域做為地緣政治的主體，它處於初
生階段，在鄭氏的意志與策略之外還什麼都不是。在康熙的眼
裡也不是地緣政治的實體，而這與今日臺海的狀況有著明顯的
差異。17世紀初期臺灣海峽才剛成為涉及關係與利害的地緣政
治主體。而在鄭克塽呈給康熙的降書中不言自明的是：臺灣不
是久留之處，既然鄭氏政權必須回到祖國的懷抱，就得放棄臺
灣。當時競爭的兩方──清廷與鄭氏──確實有此共識。

　　施琅的地緣政治創見使他成為臺灣最早的地緣政治分析者
之一。在他之前，17世紀初的海倭顏思齊與李旦有可能預見在
未開發的臺灣能夠建立一個以臺灣為中心的海洋商業貿易霸
主。根據 W.G. Goddard，鄭芝龍也許在1620年代初已經將臺灣
視為保存漢人文化的根據地，以免明朝正朔遭滅。[16] 而鄭成功
與滿人的對抗則讓他很快地明白這座島嶼戰略上的重要性。

十七世紀晚期與二十一世紀初期的眾多差異

　　兩段時期之間的差異的確很明顯；這裡筆者看到四點重要
的差異。當然筆者並未仔細計算數不盡的不同小細節，目前只
針對兩種地緣政治情況的主要差別來讓這種比較更可靠。

16　見 Goddard, *Formosa. A study in Chinese history*, 頁 68-69。

第一，統一／獨立問題的缺席。在施琅促使康熙決定將臺灣納入版圖之前，康熙並不打算這麼做，但是對現在的中國而言這卻是法律命令，因為〈反国家分裂法〉明示反對「分裂」。1684年至20世紀間這兩段時期的長期歷史關係的發展為目前的狀況添加新的因素：中國的收復領土主義。當代論述中有兩種説法來詮釋此收復主義：一為由於歐日勢力的貪婪與中國的衰敗而導致分裂，所以渴望中華民族能夠找回完整的家族與領土；另一種詮釋則為現今臺灣的議題乃是伴隨著中國在20世紀建立國家過程中遭遇的困難而產生的犧牲品，因為中國（國民黨）政府在1941年（在中華民國建立30年後）才又開始思考臺灣議題，宣稱這座在1895年被日本政府奪去的小島是屬於中華民國的：在七七事變之前，一些由中華民國編繪的《中國全圖》根本不會畫出臺灣，臺灣島的位置被圖例取而代之。筆者認為，蔣介石為了動員全國齊心抗日，於1941年左右開始建構一個有説服力的反日論述，而此論述當然會回溯到日本侵華的起點，那就是甲午戰後在馬關被割讓的臺灣。

　　事實上，現實當然是上述兩種詮釋兼而有之。可以確定的是獨立與統一這兩種看法是在20世紀中期的地緣政治困境中所產生的。當然我們不能直接討論17世紀晚期的統一或獨立，即使那個時期是臺灣相對於中國的閾境性開始發展的時刻。當鄭德瀟談論「一統」此想法時，他使用的詞語是「一體」而非

「統一」，而且這不代表把臺灣併入大清國版圖內，而是離開臺灣回到大陸與「家人」團聚——以為鄭德瀟的意思是談「統一」者明顯地犯下時代錯誤。無疑地，康熙希望東寧國的滅亡能夠一勞永逸地終止反對清廷的聲浪，而非將臺灣納為己有：臺灣尚不是中國或大清國的一部分。有些人堅稱當鄭氏家族佔領臺灣時就有了「明朝的延伸」。但是在科學上這不具說服力：鄭氏確實在象徵意義上宣布他們是明朝的延續，並且藉由採用政治符號的作法來加強這種信念：例如使用「東寧國」此國號、採用「招討大將軍延平王」此封號，同時庇護幾位跟著他們逃到臺灣的明朝王爺。可是明朝在1644年已經滅亡，而東寧國直到1662年才被建立。即使在1644年至1661年間有南明的存在，他們彼此間也不是線性的傳承，而且南明的統治範圍也僅限於原明朝領土的一隅。因此，認為鄭氏佔領臺灣等同於將臺灣納入明朝統治的說法不能成立：這是一種歷史的浪漫化，利用歷史事實來為現代統一論述辯護，這也是筆者前述「歷史的再現化」的實例。相反的，我們應該將此事件看作一個轉捩點，中國對臺灣的看法在新的情形下慢慢成熟且正在轉變。我們應該把這些歷史事件當作中國對臺灣在地緣政治方面的認知有所漸進演變的指標，而非用它們來正當化當前的兩岸政治議程，不管是「紅」的、「藍」的或「綠」的：這樣作會是一種不誠實面對歷史的作法。史學家們知道康熙不打算將

臺灣納入版圖，而是經過幾個月的考量之後才改變心意。

第二，正確來說臺灣當時並非一個地緣政治的主體。我們不能將當時的臺灣視為一個地緣政治主體來討論，而且也還沒有公民社會。由於清鄭衝突的緣故導致雙方之間產生了錯綜複雜的關係，有人可能被誤導而傾向於討論「早期中臺關係」或「早期兩岸關係」；但是更正確的說法應該是「清鄭關係」或「大清國與東寧國的關係」。臺灣海峽已經成為了地緣政治上的主體，而不再只是一個地理上的海峽。鄭清之間的衝突使得臺灣海峽的意義有所改變。它在之前幾個世紀是海倭的活動範圍，鄭清對抗之後才成為地緣政治的主體。這也就是為什麼筆者不覺得海倭危機對明朝統治的干擾稱得上是一種「臺海」危機。只要臺灣不是任何政權的根據地，我們就不能認為臺灣海峽的危機與臺灣深切相關。因此筆者的看法是臺灣海峽直到十七世紀時才成為地緣政治主體；也就是當李旦、顏思齊、荷屬東印度公司，以及後來的鄭氏王朝將臺灣視為根據地時，臺灣海峽才是地緣政治主體，無論佔據臺灣的勢力或大或小。如果我們認為臺灣海峽是在1620年代才從地理實體轉變為地緣政治主體，並且在1661年至1662年間該主體性趨於成熟。同樣的我們也可以認為「臺灣」係漸進地由「地理實體」轉變為「地緣政治對象」（為各方競相逐鹿的對象），在後期更成為

「地緣政治主體」（在這個區域的國際關係裡自身就足以扮演一個角色）。但是這樣的結論還言之過早，在荷屬東印度公司和鄭氏王朝的佔領期間，發言與採取行動的並非「臺灣」這個整體，而是當時臺灣的統治者。當今的狀況則與昔日迥異，現在媒體、學界、公民社會以及立法委員等在在都影響著中央政府在國際與臺海關係中可能採取的決策。假如今日的臺灣無疑地是一個地緣政治的主體，那麼它從地理實體轉變為地緣政治對象與主體的過程就是個相當長久的歷程。概括來說，以前與現在的明顯差異是當時的國際關係裡不存在「臺灣」這個實體，而且在1683年年末之前沒有人考慮到將臺灣收入中國的版圖。

第三，**民主政體今日的存在與影響力**。今日與過去的第三點主要差異是，現在有民主政體的存在。筆者在第二點的討論時已經明示了這一點。當時鄭氏王朝可以單方面地做決策，可是現在這種方法已不可行，在第二章當中我們已經討論過臺灣對大陸的公共政策的激烈爭論。

第四，**國際情勢的不同**。最後一點主要的差異在於1683年臺灣對抗清朝大軍的時候是完全孤立的，如同前述，荷蘭和英國已不再對臺灣感興趣。荷蘭於1662年被鄭成功驅逐並宣布

放棄重新奪回臺灣之後已離開臺灣有20年的時間，雖然他們在1664年曾經重新佔領基隆。而今，在地緣政治上臺灣是美國亞太戰略的盟友，儘管雙方並沒有正式的盟國關係，而且近年來美國的支持逐漸減少，但美國的官方政策是反對獨立與武力統一。未來的情勢可能會改變，但是截至目前為止情況與十七世紀是相當不同的。儘管兩岸緊張關係緩和，從美國這個臺灣盟友的角度來看，臺灣海峽依然是潛在的危險區域而且是美中關係的主要問題，這個在2009年維基解密裡的美國駐北京大使發給華盛頓的電報中也可以看出端倪。[17]

歷史性比較地緣政治學的觀點

然而，這兩種歷史情況的差異並不表示從宏觀的角度看來，雙方毫無相似之處。事實上，不同與相同可以同時存在：我們從不同的角度可以同時評估歷史性的小細節上之差別，以及地緣政治上的邏輯之相同。征服者威廉（Guillaume le Conquérant）於1066年，透過之前從英格蘭被流放在諾曼第的平民與貴族的幫助，成功取下英格蘭。我們能否以此與鄭成功

---

[17] 見 *Taipei Times*, 2011 年 6 月 12 日，http://www.taipeitimes.com/News/front/archives/2011/06/12/2003505566。

的策略進行比較？若我們選擇看歷史的差異，自然是數之不盡。但若我們以地緣政治的邏輯來看，兩個情境之間的差異就不是完全不一樣的。我們所應做的不是去顯示兩個情境是否相似；而純粹是試圖破解可以解釋地緣政治事件的邏輯。因此，不論是看差異或相似處，都將很有幫助。儘管在許多方面1680年代晚期與2010年代早期的歷史細節是不同的，鄭經與陳永華過世後不穩定的臺灣島嶼政體在面對復興中的中國時做出的「迴轉」，其背後的全球地緣政治體系依然可以促使我們做出謹慎的分析比較。只是，就方法論與認識論而言，所能提出的問題是相當多樣而吸引人的：比較不同時期是可行的嗎？而什麼能夠作為跨世紀比較的科學標準？上述的科學標準又可以幫助分析者釐清哪一種研究問題？更有甚者，在學術上是否有能夠創造「歷史性比較地緣政治學」這個嶄新名詞的空間？

筆者在第二章討論「中間路線」的必要性及困難度時指出，馬英九一方面遊走在溫和派與激進派之間，試著在藍營裡保持中間路線，以便同時推進他的傾中議程並避免該議程的進展造成他連任的阻礙。另一方面，在親中陣營當中的許多人並不像他一樣必須在意是否能夠連任，因此可能會為了榮耀、經濟利益或個人情感的目的而危害中華民國主權。一個可行的比較是1683年鄭氏歸降清朝時承認過去反抗大陸新政權是「錯」的。當臺灣的一位官員前往中國並且在中國的領導者面

前宣布臺灣之前（在李登輝與陳水扁時期）所做的一切全都是「錯」的，並表示馬總統執政後的臺灣正在修正言行；例如在第二章提及的2011年7月陸委會副主委趙建民所言：「過去從後李登輝時代開始，太強調政治認同……」。這豈非與鄭德瀟所寫「昔也威未見德，無怪鳥駭於虞機；今者悟已知迷，敢後麟游於仁囿」相類似？兩者間的重要差異在於今日此例可能沒有總統的直接授意。讀者應該已經明白筆者的問題是：當個人可以自由地前往中國並且不受拘束地跟這個實行「修來館策略」的國家交換意見時，總統的角色與影響力是否還有其重要性？

　　從某些角度來看，現今臺灣海峽發生的事件所構築的體系正步上十七世紀晚期的後塵：雙方的競爭與互不承認對方的正當性、擴充軍備、權力均勢的改變、外交往來與戰爭衝突之交替、全球環境的變動等。*Last but not least*：統治臺灣的政權對於如何面對復興中的中國，其態度是相當舉棋不定的；此政權一方面長期受到中國吸引，基於難以言喻但與地緣政治因素有關的中國歸屬感及尋根的渴望；另一方面，為這座島嶼追求自主地位，此要求根植於臺灣民主政體的本質：身為透過全民投票選舉選出的統治者，想要追求自主地位是合乎邏輯的結果。讀者可能已經猜到筆者是從較長遠的歷史觀點思考當代臺灣海峽的情勢。所以，筆者將把中华人民共和国與中華民國在臺灣自

1949年後的僵局稱為「第二次臺海危機」，而不將此用法限定於表達1996年飛彈危機。假如在這第二次臺海危機中的臺灣與中國將依循終結第一次危機的路徑，再加上自1949年中华人民共和国成立後北京政府便不斷地否認中華民國的存續，那麼極有可能中國遲早會要求或者得到它最想要的：消滅臺灣政體的正式名稱——「中華民國」。

　　1683年事件及康熙隨後對將此不久前才綏靖的土地收入其帝國版圖搖擺不決。要了解「臺灣的主體性」——意即臺灣如何從一塊未知的土地轉變為中國區域地緣政治對象，到最後成為全球勢力關係裡的主體——，其關鍵在於必須明瞭不論滿漢，中國是如何在上述地緣政治上的轉捩點開始發展對於臺灣的新認知；而這些認知直到今日依然影響深遠。當然，歷史中還是沒有線性發展；雖然寫國家史的史學家有時傾向於做「歷史的再線化」，但是當下決策的人物卻可以決定一些歷史的轉向。做「歷史性比較地緣政治學」時，我們只能觀察到一些在表面上有點類似的地緣政治情況，但不能認為兩起事件間有因果關係，我們只能去探索歷史中兩個相仿事件的近似與差異。「未來」從不是寫在石頭上的，而歷史不可能完全複製過往。統治者對事件還是有些微影響：在政治以及地緣政治局勢裡，政治決定的意義不僅在於善用地理與空間使獲得對其最有利的政治優勢，也在於對抗地理與空間會限制政治決策的必然困境，無論其影響的程度何如。

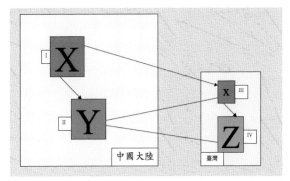

改變歷史的趨勢？

　　自從連宋2005年訪問中國以及馬英九進入總統府後，臺灣歷史的走向似乎改變了很多。此文討論的是十七世紀末與二十一世紀初兩個時期之間是否可以作個比較。今日臺灣已經開始體驗一個解構過去本土化運動的現象了嗎？臺灣再次經過歷史的轉捩點。從地緣政治的角度來看，筆者想試著圖像化兩個時期的邏輯其相同與不同點。上面的圖片解釋了前述兩個時期中，大陸與島嶼兩個地區之間在地緣政治上其關係的邏輯與演進。I為中國大陸原來的統治者（X）；II 代表取代了原統治者X的新統治者（Y）；至此就可以看出十七世紀末與21世紀初兩個時期間的雷同：清朝取代了明朝，而中國共產黨取代了中國國民黨。III描述在這個過程中，大 X 並未完全被消滅，而是「轉進」臺灣負隅頑抗，變成小 X。這裡已經有所差異：二十世紀中（1949年），原本來自中國大陸的政權與統治者遷移到臺灣，但17世紀中（1661年）則是南明舊臣而非明朝

正朔。但這個細微的差異並不代表從宏觀角度來看，這兩則事件在地緣政治上的邏輯有何不同。小 X 與大 Y 的關係在這兩個時期中均呈現爭奪政權正當性的高度緊繃。IV 則顯示隨著時間流逝，島上政權對其未來出路的猶豫不決以及兩岸的情況有所改變。小 X 究竟要落地生根或繼續負隅頑抗？在這裡，兩個時期的情況又所有不同：十七世紀末，鄭氏政體沒有時間紮根，但二十世紀末及二十一世紀初，臺灣政府強烈的實行本土化政策。不過，容筆者再一次強調，這些不同不等於是整個邏輯的迥異：第一，鄭氏政體評估過建立以臺灣為中心、領土延伸到菲律賓的海洋政權；第二，鄭克塽嘗試以承認清廷的宗主權來交換東寧國的獨立與存續。當時的小X最終未能成為圖中所示的大 Z。但二十世紀末及二十一世紀初恰巧與其相反：這正是本書所稱的「中華民國的島性化」現象，此現象更被後期的李陳兩位總統其積極本土化的政策所深化，造成像「中華民國就是臺灣，臺灣就是中華民國」的說法。在此例中，「中華民國」慢慢成為「中華鄰國」。總而言之，此地緣政治的理論模型圖當中，箭頭顯示有四種關係：被⋯⋯取代，遷移至⋯⋯，跟⋯⋯對抗以及變成⋯⋯。在此圖中，就宏觀地緣政治邏輯的觀點，這兩個時期間唯一真正重要的差異在於小 X 是否會成為大 Z：在當時並沒有發生，但在今日卻成為紅藍綠三角關係中最重要的問題。IV 也顯示出大 Z 與大 Y 之間的緊

繃關係與小X及大 Y 之間的緊繃關係此兩者的本質並不相同：後者的核心在於孰為正統的競爭，而前者則成為國家認同這個現代議題的爭鬥。如果此理論正確，我們可以詮釋為：中國國民黨在2005年後盡力避免「中華民國」成為一個具備臺灣意識的「中華鄰國」的作為，等於是一種扭轉歷史的嘗試。這又是臺灣在地緣政治史上另一個關鍵轉捩點。

　　身為所謂的「中華鄰國」是否一定處於邊緣的地位？還是可以把這所謂「邊緣性」視為「閾境性」，而成為臺灣的優點之一呢？

結論

臺灣「閾境性」

5

　　本書是一個對中國與臺灣關係本質的簡短且未完成的反思。這個反思將從「霸權」（*hegemony*）、「帝國主義」（*imperialism*）、「依存性」（*dependency*）等概念交織而開始，最後筆者要討論「閾境性」（*liminality*）是否適合被用於描述臺灣對中國的關係。然而，在開始之前必須先理解的是，臺灣的現狀，與這些概念通常會被用來描述的狀況，以及兩者之間有什麼差異，然後才能更清楚了解臺灣與中國之間這種既特殊又詭譎的關係。本書還會試圖闡述從世界的角度來看，「價值觀的地緣政治」是什麼，以分析臺灣在歷史中對中國的殖民身份（殖民，去殖民，再殖民和後殖民），且藉由價值的觀點來理解兩者間的權力關係。最後，筆者會試圖簡短地在長期的歷史架構下，將臺灣對中國的關係重新脈絡化；該架構就是在17世紀初期之後，中國對臺灣發展出獨特觀點與認知這個時期；前述觀點與認知的發展過程是逐漸變化且多元的。臺灣與中國的關係乃是由從屬化（*appropriation*）、主從關係（*subjectivization*）、依存性（*dependency*）、恐懼（*fear*）與隔閡（*estrangement*）等感情互動所構成的複雜體系。身為一位地緣政治學者，筆者希望在討論臺灣對中國關係時能夠探索此關係的本質：臺灣三次被來自中國的權力所殖民：第一次是1661年到1683年的鄭氏政權，第二次是1684年到1895年的滿清政權，第三次則是1945年後期，至少從1945到1949年，因為那時候統

治臺灣的政府就在海外。1949年後的狀況比純粹的殖民情況還複雜。

在當代臺灣海峽政治脈絡裡，臺灣歷史意義深受各政黨的議程與意識形態所影響，同時為了符合各方對國家認同問題的立場而被簡化。「閾境性」這個觀念就是本書的主軸與目的。除了 Richard A. Higgott 以及 Kim Richard Nossal 2008 年所刊登的一篇國際關係的研究文章之外，*liminality* 這個觀念並沒有在地緣政治這個領域用過；而且此文章使用的是人類學家傳統的觀念，也就是說一個中介時期，為了描述澳洲對亞洲地區的地位與政策的改變；他們所描述的是澳洲從老英格蘭社會正在轉變成發現亞洲對澳洲社會的重要性；對兩位學者來說，這個改變的時刻，就是澳洲的 *liminality*（Higgot and Nossal, 2008: 624）。但在筆者此書中，「中介時期」這個概念透過了地緣政治化變成「閾境性」：它的重點是中介的地帶，而非中介的時期；進一步說，它並不排除時間考量；剛好相反：閾境性也必須在長期時間研究的。作為地緣政治的新的研究方向，閾境性已經要把時間與空間重疊，而不會只重在兩個時刻之間的暫時情況。相反的，閾境性可以是長期的，隨著時間而產生更多層次。就如臺灣最近四、五百年的歷史。最近幾年可能最接近的概念運用是中研院社會所的汪宏倫，在〈臺灣為何要「自找麻煩」〉一篇文章當中試著從制度論的角度解釋臺灣的「既

不是個國家，也不是個非國家」的「中界狀態」（汪，2001：286-287）。

筆者希望它可以幫助我們重新型塑我們對臺灣歷史意義的了解，以及臺灣對中國的多元面向關係。本書對於臺灣與中國的關係多所著墨，但「閾境性」是否能進一步應用於臺灣跟世界間的關係，將來要作進一步的研究。臺灣跟中國的關係包括許多文化、政治、心理、記憶、經濟與軍事等層面。其中有些面向使得兩方親近，有些則造成雙方疏遠。這種情況當中有兩邊勢力的拉鋸（*push and pull*）與其所造成的親疏（*proximity/distance*）之別。筆者在先前的拙作曾提及此情況也可以形容為 *conservatory*（保存性）vs. *laboratory*（實驗性）（Corcuff, 2010）。臺灣保存了許多中華文化的傳統——在《晚近史學與兩岸思維》一書中，林滿紅教授甚至也認為整個臺灣是個「故宮」——但由於他的多元文化、歷史經驗與對世界的關係，它也成為認同的實驗室：在文化、國家認同、市民身分、地方認同或學習如何作一個世界公民等方面，臺灣均探索了很多新認同的可能方向。否認上述的勢力拉鋸、親疏之別或保存性／實驗性關係的存在，會導致對臺灣的歷史意義有所誤解。

把清朝統治臺灣期間的臺灣對中國關係，分析為「中心與邊陲」的關係似乎是相當合理的。或許在未來，如果兩岸的經濟持續整合，則這個經濟關係的重組與合作在世界經濟舞台

上的表現，上述的架構可能會被視為合宜。但事實上，這個概念在整個兩岸關係的歷史上看起來是缺乏合理性的。有幾個原因，最初的原因在於18世紀以來，中國的南方省份已經相當倚賴來自臺灣的穀物，而這種倚賴對於襲臺的颱風或臺灣社會的動亂非常敏感。[1] 而今中國和臺灣是兩個主權國家，臺灣認為他自己本身也是個「中心」。再加上兩邊在軍事與經濟方面的角力，儘管大部分的觀察者都同意這個情勢是向中國傾斜的，但目前的臺灣仍然是中國不可小覷的問題。1949年後，臺灣這個原本被視為是邊陲而今重歸版圖的地區，由於自認為中國唯一合法政權的中華民國政府遷移來臺，中國的「合法」中心因而被置換到臺灣這個昔日的邊陲地帶，至少在蔣介石與其政權的眼中是如此。基於上述幾個原因，筆者咸信中心與邊陲這個模型無法完整描述中國跟臺灣的特殊關係。因為中國目前不擁有對臺灣的實質主權，使得傳統古典政治理論中的「帝國論」也無法有效地分析兩岸關係的本質。也許在未來復興中的中國會變成區域霸權，導致我們足以根據「依存理論」（_dependency theory_）來理解曾銳生所提及的「中國陰影」（_the "shadow of China"_）[2] 是如何地影響臺灣，但目前依存理論尚不

---

1 見高格孚（2006），〈1784 年法國領事偉亞之福爾摩沙議疏與十八世紀之地緣政治〉，發表於臺灣歷史與文化國際會議，臺北，國家圖書館，May 29-30。

2 見 Tsang, Steve 主編（1993），_In the shadow of China : political develop ments in Taiwan since 1949_, Honolulu, University of Hawai Press。

足以成為當今臺灣與中國特殊關係的唯一解釋理論。

霸權可能是一個更有趣的切入點。霸權的概念原本是被設計用來分析在國際體系之中,一個優勢的國家力量,而非兩岸這種兩國之間的特殊關係。霸權在 A. Gramsci 早期的概念中與共享的價值觀息息相關:霸主不能因為它與從屬國分享共同的價值觀、可以代表它們並維護它們的利益,而使其得單純地靠武力行使對從屬國的影響力或強迫一個自主國家同意某件事。

這樣的架構讓兩個主權國家可以在一個體系中同時存在,而霸主國對從屬國則擁有一個持久性的影響力,但從屬國並不需要服從霸主的任何願望:「霸」字在中文中可以解釋為一種專斷的統治,意即一個政府乃是靠武力而非靠法律來統治;但是在古代,如論語當中所指的是天子對諸侯的合法權威。基歐漢(Robert Keohane)對霸權國家的定義是:相對於帝國主義國家而言,霸主不能強加它的規範在從屬國身上而沒有得到其某種程度上的同意。如果我們拿臺灣參加2008年北京奧運的例子來看,可以說臺灣有選擇不參加的權力(理由可能是中華民國不被承認,且不能用國旗跟國歌);另一方面,如果要參加的話,則中國提出的方案是以「中國台北」名義,或者是可與中國協議以「中華台北」的名義參加。前者(「中華台北」)暗指了在文化上的親密但政治上的分離,而後者

（「中國台北」）則代表政治上的包含與地理上的相連性。臺灣在2008的國內政權轉變之後，選擇了第三種方案（以「中華台北」的名義參賽），而這被馬英九政府認為是一種中間路線，符合它對於兩岸現況的分析。在臺灣是否參與北京奧運的辯論裡，還有兩個沒有被提出的可能選項。第一為臺灣運動員直接編入中國代表隊：理論上，這應該是中國最偏好的選擇，因為它最能代表臺灣歸於中國的理論。第二為臺灣運動員以「中華民國」的名義參賽，而這是中國最不能接受的方式。第一個選項被排除，表示即便是復興中的中國，依然必須與弱化中的臺灣妥協，而這也符合了筆者先前描述的霸權。兩個不平衡的力量（尤其在國際舞台上），但有著相近的文化與共享的價值，還有某種程度的自由協議空間，這三個特徵似乎都符合霸主對從屬國產生影響力的模式，所以對描繪馬政府執政下的兩岸關係狀態來說，可能是一個有用的理論模型。

筆者可以對這些簡略的想法下兩點結論：第一個結論是，臺灣對中國關係是一種獨特的模型；另一個是，我們或許可以使用閾境性這個概念，來解釋臺灣歷史意義，或者換句話說，臺灣對中國、東亞區域以及全球地緣政治舞台上的跨世紀地位與角色。

首先從國際關係來看，臺灣與中國的關係很可能是一種獨特的關係。我們已經證明霸權的模型對於解釋兩岸關係是有用

的，可以幫助我們了解當兩個主權國家間其中一國正在變成世界強權時，彼此間的不對稱關係。即便如此，我們當謹記霸權的模型在本質上是用來描述幾個國家之間的關係，而非用於描述特定的兩國之間的政治生態，特別是像中國與臺灣這樣有著緊密連結，且領土在過去曾經歷過同樣的政治體制的情況。如果這個模型是獨特的，則國際關係與地緣政治學者可以稱呼它為「中國－臺灣模型」（或者「臺灣－中國模型」）。

這模型至少具有六個特質：

・第一，一個較大的國家，擁有國際的承認，且對一個小國造成外交、政治、經濟與社會上的影響，使得這個小國在外交上不被大部分國家所承認。

・第二，此較小的國家其社會為許多選項所分裂：比如，想要獲得全面獨立、希望被霸主承認它現今的獨立地位、或者是妥協並避免衝突等。至於雙方的完全和解則是不可能的選項：基於霸權的收復失地民族主義，霸主最終只會併吞對方，而不會接受簽署正式的和平協議──因為簽署正式的協議時，中國會承認中華民國的主權身分。

・第三，霸國的文化因為歷史的過程而成為小國之文化母體的重要部份，同時不是其文化唯一的來源。

・第四，一個多面向的相互依存性（*interdependency*）使得霸主國無法用武力來征服較小的國家。

- 第五，霸權國利用經濟上與外交上的一系列戰略，用以逼迫小國的走向，以維持霸主在兩者關係之中的優勢地位。

- 第六，在小國的社會裡有部分人對大國的某些論述（包括收復失地民族主義）因文化情感而有不同程度的接受度，而這導致小國內部無法產生一致且堅定的回應來應對大國的壓力。

其實，包括這六個特點的臺灣對中國的特殊關係，可以讓我們想到愛爾蘭在1920年代從大不列顛帝國爭取獨立前後的霸國／弱國之間的多面向的動態。[3]

第二個結論是，筆者要提出臺灣跟中國間存在著「閾境性」。本書中所提及的閾境性，其英文為 *liminality*。該單字原本的概念係在1909年由法國人類學家 Arnold van Gennep 所提出（ *la liminalité* ），而在1960年代的美國則因人類學家 Victor Turner 提倡而普及。這兩位學者所稱的 *liminalité / liminality* 正是本書第三章所論的中介地帶或時期：也就是人類成長歷程中兩個階段間的中介時期或地帶。比如，未行成年禮前的少年、等待畢業典禮的準畢業生或歡送派對尚未舉辦前即將退休的員

---

3 見 Michael Kennedy 的 "The bigger our world position becomes, the more increasingly difficult it will be for England to attempt any undue interference with us. Developing Ireland's International Profile in the 1920s"，發表於 Small Islands, Big Issues: Ireland and Taiwan in Comparative Perspectives 會議，都柏林，2011 年 9 月。

工。在臺灣有一種很貼切的說法，稱為「轉大人」：少年滿十六歲時需鑽過七娘媽的神桌底後，才正式成年，這個就是人類學家所謂的「過渡儀式」。但是本書中的 *liminality of Taiwan* 並非指一種暫時階段，因此筆者特將之譯為閾境性。「閾」就是「門檻」（法文中的 *seuil*，英文中的 *threshold*），在拉丁文中稱為 *limen*，也就是 *liminalité / liminality* 的字根。[4]

就臺灣對中國的長期關係而言，臺灣既非邊緣，也非邊陲，而是閾境：臺灣並不是官員或罪犯的流放之地，而是一個會產生價值觀的地區。作為鄰近中國的一個閾境地區，它也是可以幫助我們了解中國。在古希臘文當中，*topos*（τόπος）同時指稱「地方」（法文中的「地名」叫做 *toponymie*）與「主題」（英文中的「主題」叫做 *topic*），而臺灣這個閾境之地正是解釋中國的絕佳 *topos*。作為「地方」與「主題」，臺灣都能提供我們許多關於中國的訊息，甚至當作極佳的參考指標。因為臺灣這個地方與主題對中國來說都是非常敏感與複雜的，每當中國碰觸或論及臺灣議題時，都會透露許多重要訊息，包括中國政府、軍隊、知識份子或民眾等參與者，他們對於歷史、認

---

4 在古代的羅馬帝國 *limes* 指帝國的邊界；因為羅馬帝國的 *limes* 經常是個邊緣性的空間，而不是一條線（除了在英格蘭北部德哈德里安防線），所以很多人分不清拉丁文的 *lime n* 與 *limes*。因為 *limes* 這種邊界包含中介地帶的意思，讓人容易誤解，看到 *limen* 的時候以為意思就是邊界。

同、國家、領土、文化以及中國如何與國際社會互動等這六項重要議題的認知。臺灣與中國關係的這種多元面向性也可以解釋為甚麼臺灣議題在中國會被稱為「台湾问题」。

臺灣的閾境性由數個多元面向交織而成。如筆者前文所述，臺灣的歷史意義同時也具備保存性及實驗性的特徵。臺灣的多元文化母體的重要部份的確來自於中華文化，同時中華文化並不是其文化的唯一來源。在臺灣保存中華文化的同時（如使用正體字等諸多例子），臺灣政府與社會各界，包括民間團體、企業家、藝術家與知識份子等參與者，不但會另外發明中華文化裡的新想法與概念（比如在不否認中華文化歸屬感的同時，發明對臺灣的公民認同），也會開拓新文化的方向（例如建立海洋國家等這類想法），更會在缺乏國際承認的情況下仍舊盡力探索如何成為全球公民。

上述這四個現象（*protecting, modernizing, inventing & globalizing*）都與臺灣閾境性密不可分。1895年，當臺灣的仕紳們準備成立臺灣民主國時，他們直接將《 Président 》音譯為「伯雷璽天德」，但在幾天後決定改採意譯為具備中文意涵的「總統」。[5]「總統」這個現代中文的重要單字就是當時在臺

5　見 Morris（2002）的 "The Taiwan Republic of 1895 and the Failure of the Qing Modernization Project" 收錄於 Corcuff, Stéphane 所編輯的 "Memories of the Future. National Identity Issues and the Search for a New Taiwan", 頁 12-13，以及《臺灣大百科全書》，〈唐景崧〉。

灣發明的。這個例子可以同時說明臺灣閾境性的幾個重要面向：文化的親近、想法的現代化、概念的創新以及臺灣的國際化。

因此，臺灣的閾境性有其論述上的面向。臺灣在歷史、地理與文化方面均與中國相當接近，不僅非常熟悉，而且某種程度上也相當關心中國問題。所以臺灣處於一個可以觀察中國的特殊位置；同時因為臺灣過去跟中國之間的歷史跟文化關係，臺灣有能力產生一個相對於中心而言有所不同的、持平且清晰的論述。臺灣跟中國之間的地理距離在兩岸關係史的發展過程中扮演恰到好處的角色：它距離夠遠，足以讓臺灣產生跟中國不同的對中看法；但距離又夠近，讓臺灣一樣能擁有對中國的專業理解。這就是臺灣對中國的論述閾境（*discursive liminality*）。儘管現在的中國顯然已經邁向國際化，但它還無法跳脫一些原有的基本想法，這個也是正常的現象──在分析全球化是否會對各國的文化引發改變時，分析者分為兩派：有些認為全球化最終會刪除許多各國原有的特徵，但另一派認為全球化僅會改變各國文化的一部分。筆者認為在這種價值觀地緣政治裡，全球化目前並沒有同化各國文化的能力，而中國的崛起在在都顯示，任何欲成為全球性強國的國家，除了承認既有的國際舞台的規範之外，也都必須找到方式以宣揚它的價值觀。復興中的中國仍然會保留一些它的既定認知，唯身為中心

並不見得最能夠看清中心自身的問題;而臺灣論述上的閾境性恰巧給它以及中國觀察家們一個機會得以較為深入地去了解中國的核心問題,特別是它怎麼樣面對現代化以及其對文化所帶來的衝擊。當然中國政府、學者、異議分子、藝術家等各社會組成份子,對中國核心問題的理解都能有所貢獻,但這並不表示距離核心遙遠的閾境之地對這些核心問題的想法欠缺正當性與助益。臺灣由於具備其閾境性而得作為了解中國問題的良好切入點與立足點:臺灣不僅擁有蓬勃的中華文化,同時也已經對於來自全球各國的影響全然開放。目前的中國由於強大的民族主義以及嚴密的政治控制,以致於無法享有這種自由,即便中國的開放程度已經與日俱增。地緣政治上的閾境性(*geopolitical liminality*),恰恰描述臺灣在外交上的處境:臺灣以中華民國名義是主權獨立的,且理論上係有條件地處於美國的戰略保護傘之下;但臺灣同時位於中國門檻,因而很難逃避曾銳生教授所稱的「中國的陰影」。如前文所定義的閾境性,可能很適合用以描述這個極為特殊的、甚至可說是獨一無二的,臺灣對中國關係的本質。

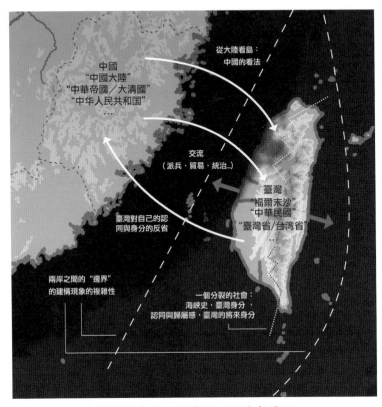

臺灣對中國的閾境性：挑戰與優點
（本圖由筆者及里昂高師的 João Correia 所製）

最後，臺灣的閾境性也有臺灣對中國關係之外的含義，意指臺灣從十七世紀以來在區域與全球地緣政治上的戰略價值。1624年的李旦已經發現了臺灣的戰略價值；之前所引用的 W. G. Goddard 表示過：「李旦把福爾摩沙視為站在東南亞前往中國與日本航線的中點……他相信只要掌控臺灣，就可以掌控西太平洋」。[6] 清代駐廣州的法國領事偉亞（Philippe Vieillard）曾經在他於1784年所寫的〈福爾摩沙議疏〉（*Mémoire sur Formose*）當中表示：「從福爾摩沙的地理位置，可以威脅中國所有的海岸，包括廣東、福建、浙江、廈門、汕頭、北直隸、廣州與韓國」。[7] 正如 Goddard 已經注意到的，一個半世紀之後的1945年，麥克阿瑟將軍也有相同的看法。綜上所述，臺灣對中國的閾境特徵是否可以被放大解釋為形容臺灣在國際舞台上的關鍵位置，值得深思；但可確定的是，雖然臺灣並未受到國際廣泛的政治承認與支持，但臺灣這個島嶼已經是與全世界連結最緊密的地區之一。當然臺灣的閾境性也可以在於對日本的歷史關係發現蹤跡。在四百年的歷史中，臺灣跟日本的關係最重要的要素可能是統治者與被殖民者的關係，主要是從1895至1945年的臺灣的日本時代。被殖民的

6　見 Goddard，*Formosa, A Study in Chinese History*, 頁 48。

7　見高格孚，〈1784 年法國領事偉亞之福爾摩沙議疏與十八世紀之地緣政治〉，發表於臺灣歷史與文化國際會議，臺北，國家圖書館，2006年 5 月 29-30 日。

地方不一定對統治者有所閾境性，但在這個個案，臺灣也保留了一些日本傳統文化的小部份；比如很多台語（糟糕，閩南話）老歌是由日本的「演歌」直接翻唱，有的是直接用河洛語寫的。現在的日本人不再聽他們的演歌；雖然年輕的臺灣人也覺得很俗，但臺灣還可以經常聽到這些優美的曲調。回到臺灣的日本時期的話可以找到其他例子；林滿紅教授研究臺灣經濟史的時候，特別是臺灣與臺商在「大東亞共榮圈」，提到臺灣對日本的重要性以及雙方的相互依存性；她幾次提到在1944年日本的《朝日新聞》社刊登的〈南方的據點，臺灣〉；此地圖把臺灣定位在「大東亞共榮圈」的中心，臺灣島變成數個同心圓的中心。[8] 筆者相信臺日相關的研究者無疑可找出更多恰當的例子。

從化外之地到閾境之地

本書討論過幾個新概念，包括價值觀的地緣政治、中間路線、歷史性地緣政治學、外省人的中介地帶。他們都是能夠幫助我們理解此書主軸的最重要概念，也就是臺灣閾境性。部份

8　見林滿紅，〈臺日歷史關係〉，刊於《國史館館訊》，2010 年 6 月，第四期，頁 4-7。

人士一定會認為臺灣閾境性這個新的想法有利於臺海統一。這個理解不無道理，因為臺灣閾境性提醒我們的是，臺灣與中國的關係是相當密切的。再加上，筆者可能會被視為只從兩岸關係的角度來討論臺灣的閾境性，而不探討為甚麼臺灣本身值得研究。此結論也常常以中國的利益或中國觀察者的立場出發，呼籲他們為了促進其對中國的了解而來看臺灣的歷史意義：這正是臺灣所謂的論述上之閾境性。但除了接受來自臺灣的投資與高科技的轉移之外，假使自我認為是中心的中國在某些方面能夠從臺灣這個閾境之地學到任何的經驗，那麼中國是否能夠把臺灣的想法視為有正當性且對其有利的？另外也會有人認為臺灣閾境性剛好相反地可以正當化臺灣要與中國保持距離的政策。這個理解也有其道理，因為臺灣的閾境性可以顯示臺灣因為與中國的距離而擁有上述的實驗性特徵。筆者不會選擇上述兩種理解中的任何一個，因為臺灣的閾境性這個概念正好歸納描述臺灣對中國的這兩種面向。如上述，這裡所分析的臺灣閾境性主要是在臺灣對中國的特殊關係架構裡，但臺灣對日本與亞洲區域的關係，甚至可能在全球化的新脈絡，都一樣也值得研究；可能學界的其他研究者將來會覺得這個概念工具可以更進一步的建構。

筆者仍舊懷疑，一旦中國併吞臺灣，雖然將能夠安撫國內的收復失地民族主義，但是否反而會讓中國失去一個對其還是

有利的、對世界全面開放的臺灣？一個獨立的臺灣不一定會對中國造成威脅。與其繼續延續康熙時期以來的作為，試圖緊密控制臺灣的政治以及影響其對於國家認同的辯論，中國不妨嘗試改變其想法，將臺灣視為一個可以幫助其重回世界第一大經濟體的多元文化盟友國，同時設法藉著在國外擴展華人文化來改變全球化世界裡的主流文化與價值觀。但是可確定的是，中國政府目前最不支持的模型是聯邦國家（*federation of states*），儘管這在理論上是一種可行的解決方案；也不追求一個由中國與幾個鄰近的華人國家共同組成的國協（*commonwealth*）。雖然這兩個想法在當代的中國政治文化裡是政治不正確的，但筆者相信一些勇敢且高瞻遠矚的中國有識之士們早已擁有類似的想法。

《中華鄰國——臺灣闢境性》讀後感

李日章

　　這是一位歐洲地緣政治學者，基於過去多年對台灣歷史、政治的認識，和新近實地調查的結果，嘗試對明鄭時期和後蔣經國時代的台海兩岸互動進行比較，而後產生的一部著作。

　　我不是這方面的專家，以一名普通讀者的眼光看來，覺得這是一本非常有啓發性的書。它除了以學術研究的成果印證了個人某些常識性的看法，更提示了許多我們前此從未知之的知識，揭露了一些我們向來從未自覺的偏見和盲點。最難得的是為我們指出了若干迄今未曾有人看到的重要事實。

　　如它指出：ECFA 其實在法律上很成問題，因為代表我方簽約的並非政府機構；指出：台獨分子也是一種民族主義者，與中華民族主義者半斤八兩；指出：台灣存在著兩種對立的世界觀和意識形態，兩者都有正當性，無所謂誰是誰非，但雙方卻不能甚至無意互相了解，互相接納，都自以為是，而把自己絕對化、神靈化；指出：外省人在李登輝和陳水扁時代，思想和態度都有所調整，以求適應現實，外省人只是未必有自覺（它特以「趨向性」一詞表述此現象）。它還指出：明

鄭時代的當權者終於接受了清朝為正朔，而現在的國民黨實際上也承認中共為正統：台海第二次危機的解決，很可能依循第一次危機解決的路徑和模式。這一切都值得我們自省和惕勵。

本書最富創見因而也最可貴的地方，是它關於台灣地位和角色的論述。

它告訴我們：台灣現在已經是一個地緣政治的主體。這樣的地位和角色是慢慢演變過來的：從一個地理實體演變為地緣政治的對象，再演變為如今的地緣政治主體。明鄭與清朝的對抗，是其由地緣政治對象變成地緣政治主體的關鍵。

這個提示可以讓許多人猛然覺醒過來，一下認清自己的真實身分！

一個主體是一個有獨立性和自主性的實體。它不屬於其他任何東西，也不依附其他任何東西。依作者的看法，台灣作為一個主體，扮演的乃是一個中介的角色。這中介，不僅是地理上的，更是文化上的。就歷史事實而言，我認為可以視之為華洋勢力的交界，特別是一個華洋文化的融合場。

關於台灣的這個看法，無疑是作者贈送給我們的一份最珍貴的禮物。他用「閾境性」一詞來表述台灣的這個地位。對這點，我倒有一點意見。

首先，「閾」這個字，十個讀者之中恐怕有九個不知其

意。我最初看到「閾境性」一詞，也不知道指什麼。及至看到相關內文，才知道這是用來表述台灣這個中介的地位的，查了《辭海》才確定「閾」是「門限」、「門坎」之意。然則「閾境」便是「中介」的一個比喻了。這就引起更大的一個問題。蓋門限、門坎固然有「中介」之意——介於內外之間，但門限、門坎卻是建物的一部分，是不能離開建物而獨立的。用「閾境」一詞，會使人以為作者認定台灣是中國的一部分。這是與作者肯定台灣為一主體、為一中介物的意思有差距的，更會讓中國與統派認為作者是站在他們那一邊。

不但從概念上講，一個有獨立自主性的主體，應該不附屬於其他任何東西而獨自存在，從事實上講，台灣也是因為在地理上和政治上與中國長久分離，才成就了它今天的這個中介的地位。作為一個華洋文化的融合場，台灣事實上已經發展出一種不同於中國和歐美、日本的獨特文化，這是中華文化、台灣土著文化和東西洋文化接觸交融，起了化學變化，才產生出來的新東西。它不是中國的，也不完全是歐美和日本的。台灣如果一開始就和中國連在一起以至於今，就會和今天的中國一模一樣，不可能發展出這樣的東西。例如民主政治、台灣住民所享有的自由和尊嚴，就是因為和中國分離了一百多年，才在這裡培養出來的。這是很珍貴的結果，不但對台灣而言，就是對中國、對世界而言，也是值得珍惜的，值觀摩學習的。台灣

作為一個獨立主體的價值也就在這裡呈現出來了！台灣的存在，台灣的經歷，在整體人類歷史和文化上自有其不可磨滅的意義。

　　台灣不是中國的一部分，絕對不是。而且它的價值也正在於此。正因為分開，才有它獨特的發展與成就。希望大家能清楚體認到這點，特別是對岸的中國人！為了台灣，為了中國，為了全人類，務請中國不要把台灣變成它的一部分。維持台灣的自立，對台灣、對中國、對世界都絕對利大於弊！

〈附錄二〉
書　目

中文

王甫昌 (1993)，〈族群通婚的後果：省籍通婚對於族群同化的影響〉，《人文社會科學集刊》6 (1): 231-67。

王甫昌 (2001)，〈民族想像、族群意識與歷史—「認識台灣」教科書爭議風坡的內容與脈絡分析〉，《台灣史研究》，8 (2): 145-208。

王甫昌 (2005)，〈由「中國省籍」到「台灣族群」：戶口普查籍別類屬轉變之分析〉，《台灣社會學》9: 100-110。

江日昇 (1960) [1713]，《臺灣外記》（二十九卷），臺北：臺灣銀行。

汪宏倫 (2001)，〈臺灣為何要「自找麻煩」——全球化趨勢與臺灣的國格需求〉，收錄於《民族主義與兩岸關係》，林佳龍 & 鄭永年主編，267-302。台北：新自然主義。

李棟明 (1969)，〈光復後台灣人口社會增加之探討〉，《台北文獻》9-10: 215-49。

李廣均 (1996)，〈從過客到定居者 — 戰後台灣「外省族群」形成與轉變的境況分析〉，《國立中央大學社會文化學報》3:367-390。

沈筱綺 (2010)，〈故土與家園：探索「外省人」國家認同的兩個內涵〉，收錄於《國家與認同：一些外省人的觀點》，張茂桂編，111-46。台北：群學。

周元文 (1960) [1712]，《重修臺灣府志》，臺北：臺灣銀行，臺灣文獻叢刊第六六種。

周婉窈 (2011)，〈山、海、平原：臺灣島史的成立與展望〉，發表於臺灣海洋文化的吸取、轉承與發展國際會議，新竹，交通大學，May 28。

周憲文 (1960)，〈弁言〉，收錄於高拱乾，《臺灣府志》，臺北：臺灣銀行，臺灣文獻叢刊第六五種，頁 1-3。

吳密察編 (2000)，《臺灣史小事典》，台北：遠流。

林正義 (2005)，〈美國與台海兩岸信心建立措施〉，《問題與研究》，44 卷 6 期 (2005/11)，1-28。

林忠正 (1991)，〈您不能說，外省人是經濟上的弱者〉，《商業周刊》no. 176: 58-65。

林佳龍、鄭永年編 (2001)，《民族主義與兩岸關係》，台北：新自然主義。

林滿紅 (2002)，《晚近史學與兩岸思維》，台北：麥田。

—— (2008)，《獵巫、叫魂與認同危機。臺灣定位新論》，台北：黎明文化。

—— (2010)，〈臺日歷史關係〉，刊於《國史館館訊》，2010

年 6 月，第四期，頁 4 － 7。

林照真（1995），《中國人的悲哀》，希代書版集團。

胡台麗 (1988)，〈從沙場到街頭：老兵自救運動概述〉，收錄
於《台灣新興社會運動》，徐正光、宋文里編，157-73。
台北：巨流。

—— (1990)，〈芋仔與蕃薯—臺灣「榮民」的族群關係與認
同〉，《中央研究院民族學研究所集刊》69:107-132。

施琅 (1958) [1683-1684]《靖海紀事》，臺北：臺灣銀行，臺灣
文獻叢刊。

高拱乾 (2004) [1696]，《臺灣府志》，臺北：文建會／遠流，
清代臺灣方志彙刊第二冊。

高格孚 [Corcuff, Stéphane] (2004)，《風和日暖：台灣外省人與
國家認同的轉變》。台北：允晨文化。

—— , (2006)，〈1784 年法國領事偉亞之福爾摩沙議疏與十八
世紀之地緣政治〉，發表於臺灣歷史與文化國際會議，臺
北，國家圖書館，May 29-30。

張光前 (2004)，〈點校說明〉，收錄於高拱乾，《臺灣府志》，
臺北：文建會／遠流，清代臺灣方志彙刊第二冊，頁 13-
16。

張茂桂編，(2010)，《國家與認同：一些外省人觀點》，台北：
群學。

——、吳忻怡 (2001)，〈關於民族主義中的認同與情緒：尊重與承認的問題〉，收錄於《民族主義與兩岸關係》，林佳龍、鄭永年編，147-180，台北：新自然主義。

連橫 (1979) [1916]，《臺灣通史》，臺北：臺灣銀行。

許之遠 (2011)，《祖國的陌生人》，臺北：八旗文化。

曹永和 (2000)，〈臺灣研究的另一途徑——「臺灣島史」概念〉，in《台灣早期歷史研究續集》，台北：聯經，頁445-449。

黃玉齊 (2004, 2007)，〈明延平王三世〉，臺北：海峽學術出版社。

楊碧川 (1987, 1994)，《簡明臺灣史》，高雄：第一出版。

蔡石山 (2011)，《海洋臺灣：歷史上與東西洋的交接》，臺北：聯經。

鄭維中 (2010)，〈施琅臺灣歸還荷蘭密議〉，發表於臺灣涉外關係學術研討會，臺北：國史館臺灣文獻館，Sept. 17-18。

戴天昭 (2002)，《臺灣國際政治史》，臺北：前衛。

薛化元，戴寶村，周美里 (2005)，《臺灣不是中國的－臺灣國民的歷史》，淡水：群策會，群策叢書 11。

蕭阿勤 (2008)，《回歸現實：台灣 1970 年代的戰後世代與文化政治變遷》，中央研究院社會學研究所專書第六號。台北：中央研究院。

蕭朝琴 (2003)，〈兩岸信心建立措施芻議〉，《遠景基金會季刊》，4 卷 1 期 (2003/01)，65-91

英文

Anderson, Benedict (1991) *Imagined communities. Reflections on the Origins and Spread of Nationalism,* London: Verso.

Andrade, Tonio (2008), *How Taiwan became Chinese. Dutch, Chinese and Han Colonization in the Seventeenth Century,* New York: Columbia University Press.

Asian Survey (2004) "Taiwan's Search for National Identity," 44 (4).

Barth, Fredrik (1969) "Introduction," in Fredrik Barth (ed.) *Ethnic Groups and Boundaries: The Social Organization of Cultural Difference,* London: Allen & Unwin.

—— (1994) "Enduring and emerging issues in the analysis of ethnicity," in Hans Vermeulen and Cora Govers (eds) *The Anthropology of Ethnicity: Beyond 'Ethnic Groups and Boundaries',* 11-32, Amsterdam: Het Spinhuis.

Borao, José Eugenio (1998), "The massacre of 1603: Chinese perception of the Spaniards in the Philippines", *Itinerario,* no. 23(1): 22-39.

Brown, Melissa (2004) *Is Taiwan Chinese?,* Stanford: Stanford

University Press.

Cabestan, Jean-Pierre (2005) "Specificities and Limits of Taiwanese Nationalism," *China Perspectives*, 62: 32-43.

Chang, Bi-yu (2004) "From Taiwanisation to de-sinification," *China Perspectives*, no. 56: 34-44.

Chang, Mau-kuei (2006) "Waishengren: Exploring Chinese Diasporic Nationalism in Taiwan," keynote speech at the 3rd Conference of the European Association of Taiwan Studies, Paris, 30 March 2006.

Chang, Mau-kuei and Yang, Meng-hsuan (2010) "Understanding the nuances of Waishengren: history and agency," *China Perspectives*, 2010-3: 70-83.

Chao, Linda, and Myers, Ramon H. (1998) *The First Chinese Democracy: Political Life in the Republic of China on Taiwan*, Baltimore, MD: Johns Hopkins University Press.

Chow, Peter (ed.) (2012) *National Identity versus Economic Interest. Taiwan's Competing Options and Its Implication for Regional Stability*. New York: Palgrave Macmillan.

Chun, Allen (1994) "From nationalism to nationalizing: cultural imagination and state formation in postwar Taiwan," *Australian Journal of Chinese Affairs*, no. 31: 49-69.

Corcuff, Stéphane (2000b) "Taiwan's "Mainlanders": a new ethnic category," *China Perspectives,* no. 28: 71-81.

—— (2002a) "The symbolic dimension of democratization and the transition of national identity under Lee Teng-hui," in Stéphane Corcuff (ed.) *Memories of the Future: National Identity Issues and the Search for a New Taiwan,* 73-101, Armonk, NY: M. E. Sharpe.

—— (2002b) "Taiwan's Mainlanders, new Taiwanese?," in Stéphane Corcuff (ed.) *Memories of the Future: National Identity Issues and the Search for a New Taiwan,* 163-95, Armonk, NY: M. E. Sharpe.

—— (ed.) (2002c) *Memories of the Future: National Identity Issues and the Search for a New Taiwan,* Armonk, NY: M. E. Sharpe.

—— (2005) "History Textbooks, Identity Politics, and Ethnic Introspection in Taiwan: The June 1997 Knowing Taiwan Textbooks Controversy and the Question It Raised on the Various Approaches to 'Han' Identity," in Vickers, Edward and Jones, Alisa (eds) *History Education and National Identity in East Asia,* London: Routledge, 133-169.

—— (2007) "The supporters of unification and the Taiwanization movement: psychology and politics in the blue camp's 2004 presidential election campaign," in Mark Harrison and Carsten Storm (eds) *The Margins of Becoming: Identity and Culture in Taiwan,*

199-220, Wiesbaden: Harrassowitz.

—— (2008) "Taiwan," in Herb, Guntram H. and Kaplan, David H. (eds) *Nations and Nationalism: A Global Historical Overview*, vol. 3, ABC-Clio, Santa Barbara: 2008, 1249-1260.

—— (2011a), "Taiwan and the Chinese Renaissance. A Cross-historical geopolitical comparison." Conference at the Franco-Japanese house, Tokyo, Jan. 24, 2011.

—— (2011b) "Taiwan's Mainlanders under President Chen Shuibian: from the political to the cultural?," in Jens Damm and Gunter Schubert (eds) *Taiwanese Identity in the 21st Century: Domestic, Regional and Global Perspectives:* Routledge. 32-64.

—— (2011c) "Liminality and Taiwan Tropism in a Post-Colonial Context. Schemes of National identification Among Taiwan's "Mainlanders" on the Eve of Kuomintang's Return to Power," in Ngo, T.-W. and Wang, H.-Z. (eds.), *The Politics of Difference in Taiwan,* London: Routledge, 34-62.

—— (2012), "Ma Ying-jeou's China leaning Policy and the 1683 Fall of the Zheng in Taiwan: A Cross-Centuries Geopolitical Comparison", in Chow, Peter (ed.) (2012) *National Identity versus Economic Interest. Taiwan's Competing Options and Its Implication for Regional Stability.* New York: Palgrave Macmillan.

Deans, Phil (2005) "Isolation, Identity and Taiwan Stamps as a Vehicle for Regime Legitimization," *East Asia: An International Quarterly* 22, 2: 8-30.

Edmondson, Robert (2002) "The February 28 Incident and National Identity," in Corcuff, Stéphane (ed.) *Memories of the Future. National Identity* Issues and the Search for a New Taiwan, Armonk: M.E. Sharpe, 25-46.

Fan, Joshua (2011). *China's Homeless Generation. Voices from the veterans of the Chinese civil war, 1940s-1990s.* New York: Routledge.

Fell, Dafydd (ed.) (2008) *The Politics of Modern Taiwan,* 4 vols, London: Routledge.

——, Klötter, Henning, and Chang, Bi-yu (eds.) (2006) *What Has Changed?: Taiwan before and after the Change in Ruling Parties,* Wiesbaden: Harrassowitz.

Gates, Hill (1981), "Ethnicity and Social Class", in Gates, Hill, and Martin, Emily Ahern (eds.) *The Anthropology of Taiwanese Society,* 241-281, Stanford: Stanford U.P.

Geertz, Clifford (1963) "The Integrative Revolution. Primordial Sentiments and Civil Politics in the New States," in id. (ed.) *Old Societies, New States. The Quest of Modernity in Asia and Africa.* London: The Free Press of Glencoe, 255-310.

Goddard, W.G. (1966), *Formosa, A Study in Chinese History*. London, Macmillan.

Gurr, Ted R. (1971) *Why Men Rebel?* Princeton: Princeton University Press.

Higgott, Richard A., and Nossal, Kim Richard (2008) "Odd Man In, Odd Man out: Australia's liminal position in Asia Revisited: A Response to Ann Capling", *The Pacific Review,* 23 (5), dec. 2008, p. 623-634.

Hardt, Michael & Negri, Antonio (2000), *Empire*. Cambridge : Harvard University Press.

Hirschman, Albert O. (1970) *Exit, Voice and Loyalty: Responses to Decline in Firms, Organizations, and States.* Cambridge, Harvard University Press.

Hu, Tai-li (1989) "Ethnic identity and social condition of veteran-Mainlanders in Taiwan," *Revue européenne des sciences sociales* 84: 253-66.

Huang, Chun-chieh (2009) "Taiwan after the retrocession as witnessed by the Mainlanders (1945-1949)," paper presented at the symposium *"From De-colonization to Re-colonization: New Approach to the History of Taiwan between 1949 and 1975",* National Sun Yat-sen University, Kaohsiung, August 2009.

中華鄰國
臺灣閾境性

Huang, Fu-san & Huang, Sam (2011) "Lin Hsien-tang's Taiwanese Home Rule Movement as Inspired by the model of Ireland", paper presented at the conference *"Small Islands, Big Issues: Ireland and Taiwan in Comparative Perspectives"*, University College Dublin, Dublin, September 2011.

Kennedy, Michael (2011), "The bigger our world position becomes, the more increasingly difficult it will be for England to attempt any undue interference with us. Developing Ireland's International Profile in the 1920s" paper presented at the conference *"Small Islands, Big Issues: Ireland and Taiwan in Comparative Perspectives"*, University College Dublin, Dublin, September 2011.

Li, Kuang-chün (1997) *Anatomy of an Identity Dilemma: A Case Study of the Transformation of Mainlanders from Sojourners to Settlers in Contemporary Taiwan,* Ph.D. diss., University of Texas, Austin.

— (2002) "Mirrors and masks: an interpretative study of Mainlanders' identity dilemma," in Stéphane Corcuff (ed.) *Memories of the Future: National Identity Issues and the Search for a New Taiwan,* 102-22, Armonk, NY: M. E. Sharpe.

Lu, Chia-wen (2008) *Gender, Marriage and Migration: Contemporary Marriages between Mainland China and Taiwan,* PhD diss., Leiden

University.

Lynch, Daniel (2004) "Taiwan's self-conscious nation-building project," *Asian Survey,* 44 (4): 513-33.

Makeham, John and Hsiau, Ah-chin (2005) *Cultural, Ethnic and Political Nationalism in Contemporary Taiwan,* New York: Palgrave MacMillan.

Morris, Andrew (2002), "The Taiwan Republic of 1895 and the Failure of the Qing Modernizing Project," in Corcuff, Stéphane (ed.), *Memories of the Future. National Identity Issues and the Search for a New Taiwan.* Armonk: M. E. Sharpe, 3-24.

Shih, Fang-long (2011) "Taiwan Studies and Nationalist Narration: Towards a Comparative Perspective", paper presented at the conference *"Small Islands, Big Issues: Ireland and Taiwan in Comparative Perspectives",* University College Dublin, Dublin, September 2011.

Schubert, Gunter and Damm, Jens (eds) (2011) *Taiwanese Identity from Domestic, Regional and Global Perspectives,* London: Routledge.

Shepherd, John R. (1993), *Statecraft and Political Economy on the Taiwan Frontier, 1600-1800,* Stanford, Stanford University Press.

Simon, Scott (2006) "Taiwan's Mainlanders: a diasporic identity in construction," *Revue européenne des migrations internationales* (22 (1):

87-106.

Struve, Lynn A. (1984), *The Southern Ming, 1644-1662,* New Heaven: Yale University Press.

Taylor, Jeremy (2006) "The Production of the Chiang Kai-shek Personality Cult, 1929-1975," *The China Quarterly,* 185: 96-110.

—— (2010) "Qujianghua: Disposing of and Re-Appraising the Remnants of Chiang Kai-Shek's Reign on Taiwan," *Journal of Contemporary History* 45, 1: 1-16.

Turner, Victor (1967) "Betwixt and between: the liminal period in rites de passage," in Victor Turner, *The Forest of Symbols: Aspects of Ndembu Ritual,* 93-111, Ithaca, NY: Cornell University Press.

—— (1969) *The Ritual Process. Structure and Anti-structure.* Ithaca: Cornell University.

Wachman, Alan (1994) *Taiwan: National Identity and Democratization,* Armonk, NY: M. E. Sharpe.

Wills, John E., Jr. (1999, 2007) "The Seventeenth Century Transformation. Taiwan Under the Dutch and the Cheng Regime," in Rubinstein, Murray A. (ed.), *Taiwan, a new history,* Armonk: M.E. Sharpe, pp. 84-106.

Wong, Young-tsu, 1983, "Security and Warfare on the China Coast: The Taiwan Question in the Seventeenth Century," *Monumenta*

Serica, Journal of Oriental Studies, XXXV (1981-1983), pp. 111-196.45

Wu, Nai-teh (2005) "Transition Without Justice, or Justice Without History: Transitional, Justice in Taiwan," *Taiwan Journal of Democracy* 1, 1: 77-102.

Wu, Rwei-ren (2002) "Toward a pragmatic nationalism: democratization and Taiwan's passive revolution," in Stéphane Corcuff (ed.) *Memories of the Future: National Identity Issues and the Search for a New Taiwan,* 196-218, Armonk, NY: M. E. Sharpe.

法文

Chauprade, Aymeric (2007), *Géopolitique. Constantes et changements dans l'histoire* [Geopolitics. Constants and Changes in History], Paris : Ellipses.

Corcuff, Stéphane (1997) "Que reste-t-il de Chiang Kai-shek ? Ritualisation d'une commémoration politique à Taiwan (1988-1997)" [What is left from the cult of Chiang Kai-shek?) Ritualization of a political commemoration in Taiwan], *Études chinoises*, 16 (2) : 115-46.

— (2000a) "La transition de l'identité nationale à Taiwan : une analyse de l'évolution des commémorations politiques" [The transition of national identity in Taiwan: an analysis of the change in political commemorations], in Christine Chaigne, Catherine Paix, and Chantal Zheng (eds), *Taiwan, enquête sur une identité*, 127-46, Paris : Khartala.

—— (2000c) *Une identification nationale plurielle : Les Waishengren et la transition identitaire à Taiwan, 1988-1997* [A pluralistic national identification: Waishengren and the identity transition in Taiwan, 1988-1997], Lille : Presses du Septentrion.

—— (2010) Étudier « Taiwan ». Ontologie d'un laboratoire-conservatoire [Studying Taiwan. Ontology of a Laboratory/ Conservatory], *Études chinoises*, hors série 2010, Étudier et enseigner la Chine, p. 235-260.

de Mailla, Joseph (1715) : 見 Mailla (de), Joseph

Delpech, Thérèse (2005), *L'ensauvagement. Le retour de la barbarie au XXIe siècle.* Paris : Grasset.

Détienne, Marcel (2000), *Comparer l'incomparable. Oser expérimenter et construire.* Paris : Le Seuil.

Grousset, René (1929), *Histoire de l'Extrême-Orient* [History of the Far East] vol. 2, Paris: Librairie orientaliste Paul Geuthner.

Lacoste, Yves (1982), *La géographie, ça sert d'abord à faire la guerre* [Geography is first of all to make war]. Paris : Maspero.

Lacoste, Yves (1995), "Introduction", in *Dictionnaire de géopolitique* [Dictionnary of geopolitics]. Paris : Flammarion.

Mailla (de), Joseph (1819) [1715], "Lettre du père de Mailla, missionnaire de la Compagnie de Jésus, au père Colonia, de la même Compagnie," [Letter by Rev. Father de Mailla, missionary at the Company of Jesus, to Rev. Father Colonia, of the same compagny] in *Lettres édifiantes et curieuses, écrites des missions étrangères. Mémoires de la Chine*, vol. 10, Lyon: Vernandel, Cabin & Cie, pp. 247-280.

Moïsi, Dominique (2008). *Géopolitique de l'émotion* [The geopolitics of emotions], Paris : Flammarion.

Nora, Pierre (ed.) (1984-1992). *Les lieux de mémoire*. 3 vols. Paris : Gallimard.

Sarraute, Nathalie (1939) *Tropismes* [Tropisms], Paris : Denoël.

—— (1956) *L'ère du soupçon* [Era of suspicion], Paris : Gallimard.

—— (1996) *Oeuvres complètes* [Complete œuvre], Paris : Gallimard/ Bibliothèque La Pléiade.

Simon, Scott (2012), *Sadyaq Balae! L'autochtonie formosane dans tous ses états*. Quebec : Presses de l'Université de Laval.

Yin, Ming (2010), *L'identification ethnique parmi les Waishengren de la troisième génération à Taiwan. Sont-ils toujours des « Continentaux » ?*

MA thesis, Institut d'Asie Orientale, Lyon.

Van Gennep, Arnold (1909) *Les rites de passage. Étude systématique de la porte et du seuil...* (Rites of passage: systematic study of door and threshold...), Paris : Émile Nourry.

國家圖書館出版品預行編目資料

中華鄰國：臺灣閾境性 / 高格孚著. --
初版. -- 臺北市：允晨文化, 2011.11
　　面；　公分. -- (當代叢書；38)
　　ISBN 978-986-6274-53-4(平裝)

1.臺灣政治 2.臺灣史

573.07　　　　　　　100021219

當代叢書 ㊳

中華鄰國—臺灣閾境性
Zhonghua linguo/
Neighbor of China—Taiwan's Liminality

作　　者：高格孚（Stéphane Corcuff）

發 行 人：廖志峰

責任編輯：楊家興

美術編輯：劉寶榮

法律顧問：邱賢德律師

出　　版：允晨文化實業股份有限公司

地　　址：台北市南京東路三段21號6樓

網　　址：http://www.asianculture.com.tw

e - mail：asian.culture@msa.hinet.net

服務電話：(02)2507-2606

傳真專線：(02)2507-4260

劃撥帳號：0554566-1

登 記 證：行政院新聞局局版臺字第2523號

印　　刷：欣佑彩色製版印刷股份有限公司

裝　　訂：聿成裝訂股份有限公司

初版日期：2011年11月

定價：新台幣300元
ISBN：ISBN 978-986-6274-53-4
本書如有缺頁、破損、倒裝，請寄回更換